ulmer

FERDINAND LAUDAGE

CRAFT BIER *einfach* SELBER BRAUEN

MACH DIR KEINE SORGEN.
BIER WIRD'S IMMER.
UND SOGAR LECKERES.
VERSPROCHEN.

Inhaltsverzeichnis

Diese Brauanleitung...

... soll dir dabei helfen, dein erstes eigenes Bier zu brauen: 20 Liter hellen, süffigen Gerstensaft. Der Aufbau dieser Anleitung und das ausgesuchte Rezept sind bewusst einfach gehalten – für einen unkomplizierten Einstieg ins Heimbrauen. Die Vorbereitungen und der Brauvorgang an sich sind zwar nicht im Handumdrehen erledigt, der Aufwand lohnt sich aber umso mehr. Spätestens beim ersten Schluck deines selbst gebrauten echten Craftbiers wirst du das auch so sehen.

Craftbier (*engl. „craft“ für Handwerk*) hat seine Wurzeln in den USA: Zum Ende der 1970er-Jahre begannen dort echte Bierliebhaber, enttäuscht von den geschmacklosen Bieren der großen Konzerne, selbst zu brauen. Unter Verwendung bester Rohstoffe stellten sie in ihren Garagen auf eigenhändig gebauten Anlagen erstklassige Biere her. Hopfen- und malzaromatische Brauerzeugnisse sowie längst vergessene Bierstile wurden zum Markenzeichen der umtriebigen Craftbierszene, die auch in Deutschland immer weiter wächst. Schon bald wirst du Teil dieser kreativen Szene sein – mit deinem eigenen Betrag in Form von Selbstgebrautem.

Wichtig ist allerdings, dass du dir Zeit nimmst. Für deine Braupremiere solltest du auf jeden Fall einen Tag einplanen, denn ein gutes Bier braut sich nicht „mal eben so nach Feierabend“. Am besten lädst du interessierte Freunde zum Brauen ein. Gemeinsam könnt ihr dann auf dein erstes selbst gebrautes Craftbier anstoßen. So wird’s auf jeden Fall ein kurzweiliges Projekt und vielleicht infizierst du auf diese Weise noch andere mit dem Brauvirus. Vor allem macht die Bierherstellung gemeinsam noch viel mehr Spaß als allein.

Auch danach wird deine Geduld erneut auf die Probe gestellt, denn bis zur Trinkreife vergehen noch einige Wochen. Hältst du dich aber an diese Anleitung, kann nichts schiefgehen.

Bevor du loslegst, muss ich dir noch etwas verraten: Du wirst an deinem ersten Brautag gar kein Bier brauen, sondern eine Würze. So nennt der Fachmann die Malzzuckerlösung, aus der später mithilfe der Hefe dein eigenes Craftbier wird. Der Brauer macht die Würze, die Hefe macht das Bier. So läuft das beim Brauen.

Genug der Vorrede, bevor noch einer verdurstet. Gut Sud, wie man sich unter Brauern wünscht.

VOR DEM ERSTEN BRAUTAG

SCHRITT

1

DIE VORBEREITUNG

Bevor es ans Eingemachte geht, solltest du einen Platz für deine Heimbrauerei auswählen und alle notwendigen Brauutensilien beschaffen. Einiges wird sich sicher bereits in deinem Haushalt wiederfinden, für andere Gerätschaften lohnt sich eine Investition. Natürlich brauchst du auch noch die wichtigen Grundzutaten für dein Craftbier. Wo man als Hobbybrauer am besten shoppen kann, verrät dir die Liste auf Seite 118.

Der Arbeitsplatz

Da du ab und an die Schwerkraft ausnutzen musst, um deine Würze vom einen ins andere Gefäß zu befördern, solltest du dir deinen Arbeitsplatz vorher genau ansehen: Wenn du in der Küche brauen möchtest, hast du möglicherweise eine **Arbeitsfläche**, die 90 bis 100 cm hoch ist. Optimal!

Zusätzlich empfehle ich dir einen **kleinen stabilen Tisch**, der einen vollen Topf aushält und nicht höher ist als einen ½ m. Zwei leere umgedrehte, nebeneinander platzierte Bierkisten sollten es zur Not auch tun. Alles vorhanden? Dann steht der großen Heim- und Craftbierbrauerkarriere ja nichts mehr im Wege.

Die Ausrüstung

Wie bei den meisten Hobbys kommt man auch beim Heimbrauen nicht um eine Erstinvestition herum. Grob geschätzt solltest du bei der Anschaffung des Equipments und für die ersten Zutaten mit 200 bis 250 Euro rechnen. Jeder weitere Brauvorgang kostet dich dann je nach Auswahl deiner Rohstoffe nochmals zwischen 15 und 20 Euro. Da gibt es sicherlich kostspieligere Freizeitaktivitäten. Das Heimbrauen ist nicht nur produktiv, es macht auch richtig Spaß und ist recht erschwinglich. Und überhaupt: Es hat etwas mit Bier zu tun. Kann es ein schöneres Hobby geben?

DER EINKOCHER: DEIN WICHTIGSTER AUSRÜSTUNGSGEGENSTAND.

DAS PRUNKSTÜCK: DER EINKOCHER

Manch einer kennt ihn auch als Aufwärmtopf für Glühwein. Andere erinnern sich gern an ihre Großmutter, die darin früher die Erdbeermarmelade eingekocht hat. Wenn du so einen Einkocher noch im Keller oder auf dem Dachboden stehen hast: Herzlichen Glückwunsch! Andernfalls kannst du die Kleinanzeigen on- und offline durchforsten oder in einen neuen **Einkochautomaten** investieren. Für 100 bis 160 Euro bekommt man derzeit schon gute Geräte, die fürs Heimbrauen vollkommen ausreichen.

Achte beim Kauf des Einkochers darauf, dass er eine einfach zu bedienende Temperatursteuerung und eine digitale Zeitanzeige besitzt. Omas alter Topf hat beides sicher nicht zu bieten. Das macht es zwar etwas unkomfortabler, ein Bier kannst du natürlich trotzdem damit brauen. Du musst einfach häufiger im Brauprozess mit einem Thermometer die Temperatur überprüfen und ständig die Uhr im Blick behalten.

Bei einer Neuanschaffung solltest du bedenken, dass Töpfe aus Edelstahl einfacher zu reinigen sind als emaillierte Einkocher. Er sollte 27 bis 30 Liter fassen und mindestens 1800 Watt (besser noch 2000 Watt) leisten können. Damit sollte der Einkochautomat auch keine Probleme haben, die 100-Grad-Celcius-Grenze zu erreichen. Absolut notwendig ist ein Auslaufhahn. In der Regel ist der mitgelieferte Hahn aus Kunststoff und hat nur eine kurze Lebensdauer. Am besten gönnst du deinem Topf noch einen Kugelhahn aus Edelstahl. Den bekommst du inklusive Dichtung für 15 Euro im Baumarkt.

TIPP DER PLASTIKDECKELTRICK

Sollte der Deckel des Einkochers aus Kunststoff sein, kannst du ihn mit einer Bohrmaschine fürs Brauen optimieren. Bohre einfach circa 20 kleine Löcher in den Deckel. Der Umtausch ist dann zwar ausgeschlossen, dafür helfen dir die Löcher im späteren Brauverlauf immens weiter.

DES WEITEREN …

benötigst du einen **Läuter- und Gäreimer**, der 30 Liter fasst. Den gibt es für circa 15 Euro in allen Onlineshops für Hobbybrauer. Praktischerweise kommt er gleich mit einem Deckel, Auslaufhahn und Gärröhrchen daher. Diese Utensilien brauchen wir nämlich auch. Ohne Hilfsmittel beim Läutern bist du aufgeschmissen. Das Läutern ist ein wichtiger Filterprozess, der in einem späteren Schritt noch genauer erklärt wird. Hierfür eignet sich eine der gängigen **Läuterspiralen** (Modell „Läuterhexe“ oder „Läuterfreund“) besonders gut.

Die **Halbliterbügelflaschen** bekommt man als Neuware zu teilweise horrenden Preisen in den bekannten Onlineshops. Einfacher und günstiger wird’s, wenn du im Getränkemarkt volle Kisten mit (geliehenen) Bügelflaschen einkaufst und aufopferungsvoll selbst für das Leergut sorgst. Prost!

Denke aber daran, dass du auf jeden Fall braune Flaschen für dein Bier verwendest. Diese schützen den Hopfen in deinem Bier besser vor direkter und längerer Sonneneinstrahlung als Grün- oder Klarglasflaschen. Wenn der Hopfen zu viel Licht und Wärme abbekommt, entwickelt sich im Bier der sogenannte Lichtgeschmack. Dein Selbstgebrautes wird dann zum Stinktier, es muffelt. Deshalb sind Braunglasflaschen die beste Wahl für dein Craftbier.

In der folgenden Checkliste findest du noch eine Reihe an weiteren Utensilien, die du auf jeden Fall für deinen ersten Brautag benötigst oder optional dazu kaufen kannst. Wenn du alle Gerätschaften deiner neuen Brauanlage beisammen hast, solltest du sie zunächst einmal gründlich mit einem Reiniger auf Sauerstoffbasis und heißem Wasser reinigen.

INFO **BIER DIREKT AUS DER FLASCHE TRINKEN: EIN NO-GO**

Bist du auch ein „Flaschenkind“ und trinkst dein Bier am liebsten direkt aus der Pulle? Wenn du die Flasche wieder mit Selbstgebrautem befüllen möchtest, sollte damit ab sofort Schluss sein. Am und im Mund können sich fiese Bakterien befinden, die man später nur mit teuren Reinigern von der Flaschenöffnung entfernen kann. Wer keine Lust auf aufwendige Reinigungsvorgänge hat, schüttet sein Bier lieber ins Glas und spült die Flasche direkt im Anschluss ein- bis zweimal mit heißem Wasser durch.

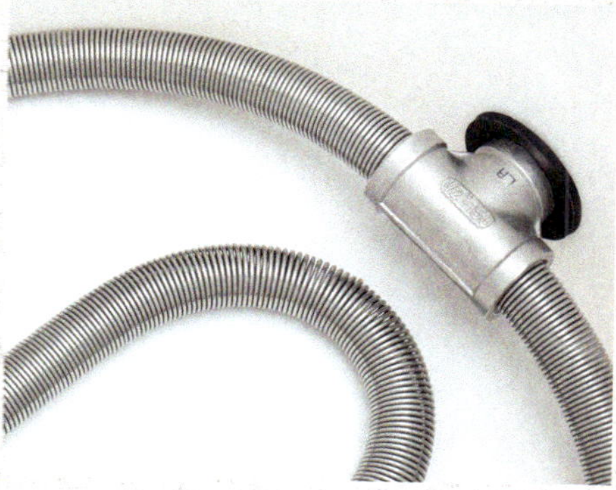

Checkliste

EQUIPMENT

AUF JEDEN FALL!

○	**Einkocher** (27 bis 30 Liter Fassungsvermögen, mind. 1800 Watt) mit Ablasshahn; z. B. ProfiCook PC-EKA 1066 oder Klarstein Biggie Digital (100 bis 160 Euro)
○	**Läuter- und Gäreimer** (30 Liter Fassungsvermögen) mit Deckel, Auslaufhahn und Gärröhrchen (15 Euro)
○	**Läuterspirale** (Läuterhexe 1000, 35 Euro; Läuterfreund 1040, 27 Euro)
○	**Messbecher** (mindestens 1 Liter Fassungsvermögen, 3 bis 5 Liter sind optimal; 8 bis 12 Euro)
○	**Großer Holzlöffel** (mindestens 30 Zentimeter lang, 60 Zentimeter sind optimal; 5 bis 8 Euro)
○	**Küchenthermometer**
○	**Küchenwaage**
○	**Reinigungsmittel auf Sauerstoffbasis** (z. B. ChemiPro Oxi, 8 Euro; oder Reine Soda, 1 Euro)

- [ ] **Isopropanol** (70 %) (aus der Apotheke)
- [ ] **(Brauer-)Jod** (aus der Apotheke)
- [ ] 1 bis 2 zusätzliche **große Kochtöpfe** (5 bis 10 Liter Fassungsvermögen) oder einen Wasserkocher
- [ ] **Filterbeutel Monofilament** (150 µ; 7 Euro) oder Küchensieb mit sauberem Küchentuch
- [ ] **Bierwürzespindel** (7 Euro)
- [ ] **Spindelzylinder** (3 Euro)
- [ ] 40 saubere 0,5-Liter-**Bügelflaschen** (Braunglasflaschen)
- [ ] **Dosierhilfe** für Zucker (1 Euro) und einen **Trichter**
- [ ] **Abfüllröhrchen** (3 Euro)

OPTIONAL

- [ ] **Kugelhahn und Dichtungen** (15 Euro)
- [ ] **Silikonschlauch** (1 Meter Länge)
- [ ] **Schöpfkelle**
- [ ] **Sieblöffel**

SCHRITT

2

DAS REZEPT WÄHLEN

INFO **WAS SIND IBU?**

Die Bitterkeit ist eine der wichtigsten Charaktereigenschaften von Bieren und wird in International Bitter Units gemessen. Die heute durch die Fernsehwerbung bekannten leichten Pilsener haben im Schnitt nur noch 25 IBU. Dagegen können herbere Pilsener aus Norddeutschland um die 40 IBU aufweisen. Allgemein rückt die Bittere in industriellen Brauerzeugnissen immer mehr ins zweite Glied. Ganz anders ist es in der Welt der Craftbiere, die oft bitterer und dadurch auch charaktervoller daherkommen.

Bevor du online shoppen gehst, solltest du einen Blick auf das Rezept werfen. Vorab stellt sich natürlich die Frage: Welches Bier soll's denn sein?

Ein Großteil der deutschen Bevölkerung trinkt mit Vorliebe ein schlankes und durstlöschendes Pils. Ein echtes Bier nach Pilsener Brauart zu brauen, stellt jedoch schon die Königsklasse im Hobbybrauen dar. Das durfte ich bei einem meiner ersten Brauversuche selbst feststellen.

Kurz gesagt ist das Pils für den Anfang eher ungeeignet. Ein Weizenbier ist da schon einfacher herzustellen, weil die intensiven Aromen der Weizenbierhefen von möglichen Braufehlern ablenken. Allerdings schmecken Weizenbiere auch nicht jedem.

Craftbier für alle!

Daher habe ich dir die Entscheidung für die Premiere mal abgenommen: Unser Ziel ist die Herstellung von knapp 20 Litern **Pale Ale** mit einer ausgewogenen, aber nicht übertriebenen Bittere von 28 bis 32 IBU (Bittereinheiten). Das Pale Ale ist ein Bierstil, der ursprünglich aus England stammt und in den USA wiederentdeckt wurde. Neben seinem alkoholstärkeren und hopfenintensiveren Bruder, dem India Pale Ale, wirkt das helle Obergärige eher moderat und zurückhaltend. Für den Hobbybraueinstieg ist es perfekt geeignet, weil die Rohstoffe im Pale Ale allesamt gut zur Geltung kommen und sogar einzeln herauszuschmecken sind. Das Pale Ale ist das Craftbier für jedermann.

Rund und süffig

Als Ergebnis erwartet dich also ein süffiges Vollbier mit einer angenehmen Bitterkeit und einer runden Hopfenaromatik. Dein Pale Ale wird nach der Gärung zwischen 4,5 und 5,5 % Alkohol haben. Das Beste daran ist aber, dass du nach deinem ersten Brautag richtig kreativ werden kannst: Dieses Basisrezept lässt sich bei jedem weiteren Versuch problemlos ein wenig abändern. Du kannst beispielsweise andere Malzsorten auswählen, einen anderen Hopfen einsetzen oder die Hefe austauschen. Indem du an einer der Stellschrauben drehst, kreierst du jedes Mal ein völlig neues Bier. Du kannst aber auch auf die Rezeptsammlung in diesem Buch auf Seite 88 zurückgreifen und erst einmal ein paar bekannte Craftbierstile nachbrauen, bevor du deiner Kreativität freien Lauf lässt. Auch das Pale Ale ist dort noch einmal in zwei Varianten aufgeführt.

SCHRITT

3

DIE ROHSTOFFE BESORGEN

Für unser Bier benötigen wir die vier wichtigen Grundzutaten: Wasser, Gerstenmalz, Hopfen und Hefe. Für einen späteren Schritt brauchst du auch noch Haushaltszucker. Details zu den einzelnen Rohstoffen und den verschiedenen Sorten findest du ab Seite 60.

Wasser ...

... kommt aus dem Hahn, die anderen Zutaten kannst du online in einem der vielen Braubedarfshops kaufen. Sollte dein Leitungswasser besonders kalkhaltig sein, hilft ein Wasserfiltersystem, wie du es vermutlich schon verwendest, oder einfaches Abkochen. Wenn du mehr über Brauwasser erfahren möchtest, schlage Seite 63 auf.

Hefe ...

... ist die heimliche Heldin in der Bierherstellung und unersetzlich. Ohne sie entsteht kein schmackhaftes Bier. Deshalb ist es auch so wichtig, dass du für dein Craftbier eine echte Reinzuchthefe auswählst, die ausschließlich für die Bierproduktion vorgesehen ist. Zwei Sorten kann ich dir für das Pale Ale empfehlen. Wenn du es fruchtig magst, nimm die **Safale S-05**. Wenn du eher weniger auf Hefearomen stehst, dann ziehe die **Danstar Nottingham** vor. Backhefe oder Bierhefe aus dem Reformhaus stellen übrigens keine Alternativen zu den aufgeführten Reinzuchthefen in der Einkaufsliste dar. Die Reinzuchthefen sind zwar etwas teurer, gewährleisten aber einen guten Geschmack des Endproduktes.

Malz ...

... gibt es in unzähligen Ausführungen. Zum Beispiel aus Gerste oder Weizen, von hell bis dunkel, von süß bis röstig. Ohne die Vorarbeit der Mälzereien hätte dein Bier später keinen Körper und die Hefe nichts zum Verstoffwechseln. Für dein Pale Ale eignen sich vor allem zwei Gerstenmalzsorten, Pilsener Malz und Wiener Malz. Achte darauf, dass es geschrotet ist. Mehr Informationen zum Malz und seinen vielen Sorten findest du ab Seite 63.

Hopfen ...

... ist nicht gleich Hopfen. Es gibt über 200 Sorten weltweit. Die Entdeckung des Hopfens war für das Brauwesen mindestens so wichtig wie die Erfindung des Rades für die Menschheit. Ohne Hopfen hätte dein Bier einen faden Geschmack und wäre nicht lange haltbar. Wähle dir in einem der Braubedarfshops online einen Hopfen aus, dessen Aromabeschreibung dich besonders anspricht. Was du sonst noch über Hopfen wissen musst, ist ab Seite 68 zusammengefasst. Dort findest du auch eine Übersicht zu den gängigsten Sorten und deren Aromaeigenschaften.

Rohstoff-Einkaufsliste

In deiner Einkaufsliste findest du einige Optionen, zwischen denen du bei deinem ersten Bier direkt wählen kannst. Sie lassen sich bunt miteinander kombinieren:

○	**5 kg Gerstenmalz** (Pilsner Malz oder Wiener Malz), geschrotet (10 Euro)
○	Optional: **500 g Karamellmalz** (z. B. hell oder dunkel), geschrotet (1,50 Euro)
○	**100 g Aromahopfen Pellets** (Typ 90) einer Sorte deiner Wahl (3 bis 14 % Alphasäure; ab 7 % Alphasäure kommst du auch mit 50 g aus; 7 oder 3,50 Euro)
○	**1 Packung Trockenhefe**: Safale US-05 oder Danstar Nottingham Ale (2,50 Euro)
○	Circa 28 bis 30 Liter **Leitungswasser**
○	1 Packung **Haushaltszucker**

INFO WAS KOSTET MEIN BIER?

Diese Einkaufsliste liefert zur Orientierung die gängigen Preise für die jeweiligen Rohstoffe. Summa summarum kommt man pro Brauvorgang auf Kosten von 15 bis 20 Euro. Allerdings unterliegt gerade der Hopfenpreis derzeit enormen Schwankungen. Er ist eben sehr beliebt!

SCHRITT

4

DEN ZOLL INFORMIEREN

Eigentlich war die private Herstellung von Bier in Deutschland lange Zeit verboten. Heute darf jeder Heim- und Hobbybrauer pro Jahr 200 Liter Bier steuerfrei brauen. Einzige Voraussetzung ist die Anmeldung beim Zoll, die Brauanzeige.

Dass wir heutzutage in unseren eigenen vier Wänden selbst unseren Gerstensaft herstellen dürfen, haben wir einer Fernsehlegende zu verdanken. Bis in die 80er-Jahre war es in Deutschland untersagt, am heimischen Herd Bier zu brauen. Das änderte sich allerdings mit Jean Pütz, dem Vater aller Hobbybrauer. In seiner Fernsehreihe „Hobbythek" widmete der Kölner dem Heimbrauen eine komplette Episode und zeigte seinem Publikum, wie mit ein paar natürlichen Rohstoffen und einfachen Haushaltsutensilien ein Bier entstehen kann.

Pütz und seine Redaktion erwirkten damals im Zuge ihrer Recherchen eine Brauerlaubnis für Privatpersonen, die bis heute in Deutschland gültig ist. Steuerfrei dürfen 200 Liter Bier im Jahr gebraut werden, sofern man als Heim- oder Hobbybrauer beim Zoll gemeldet ist. Diese sogenannte **Brauanzeige** beim Hauptzollamt muss man jedes Jahr wiederholen.

So geht's

Zunächst solltest du ausfindig machen, welches Hauptzollamt für deinen Wohnort zuständig ist. Im Internet wirst du dank Suchmaschinen schnell fündig. Per Post, Fax oder E-Mail kannst du dich dann beim zuständigen Hauptzollamt anmelden. Wichtig ist, dass du die Brauanzeige noch vor dem ersten Brautag auf den Weg bringst.

Der Wortlaut kann ebenso simpel wie formlos ausfallen. Ein Beispiel für ein Anschreiben an das Zollamt findest du auf Seite 114.

Sobald du die Anmeldung abgeschickt hast, kannst du mit dem Bierbrauen beginnen. Die Bestätigung des Zollamts musst du nicht abwarten.

INFO WENN ICH MEHR ALS 200 LITER BRAUEN MÖCHTE?

Mit Überschreitung der 200-Liter-Grenze wirst du zur Kasse gebeten. Diese Steuern fallen bei durchschnittlich 2 Euro pro 20-Liter-Sud zwar nicht sonderlich ins Gewicht, müssen aber unbedingt gezahlt werden. Solltest du diesen Betrag nicht entrichten, wäre das bereits eine versuchte Steuerhinterziehung. Am besten besprichst du den weiteren Verlauf direkt mit deinem zuständigen Zollbeamten.

SCHRITT

5

ALLE GERÄTSCHAFTEN REINIGEN

Hygiene spielt eine enorm wichtige Rolle beim Heimbrauen. Wenn du nicht sauber arbeitest, kann sich dein Bier schnell eine Infektion einfangen. Mit einer Woche Bettruhe bekommst du dein Jungbier in solchen Fällen aber leider nicht wieder fit.

Aber ruhig Blut: Zu Beginn musst du noch nicht besonders vorsichtig sein. Im Brauprozess steigt das Thermometer später noch auf 100 °C an. Die Überlebenschancen für die meisten Bakterien sind dabei gleich null. Wie bereits angemerkt: Es reicht vorab ein gründliches Reinigen aller Gerätschaften (je nach Verschmutzungsgrad) mit heißem Wasser, ChemiPro Oxi oder Reine Soda. Bei Kalkrückständen hilft Zitronensäure. Dann kann der erste Brautag kommen.

JETZT GEHT ES LOS!

SCHRITT 6

EINMAISCHEN

Beim Einmaischen gibst du das geschrotete Malz zum erhitzten Wasser. Das sorgt für einen herrlich karamelligen Duft, an dem der Brauer seine Freude hat. Außerdem ist es der Startschuss zur Herstellung der Würze, aus der später dein Craftbier wird.

Zuallererst musst du 18 Liter Wasser, den sogenannten **Hauptguss**, in deinem Einkocher **auf 74 °C erhitzen**. Überprüfe gelegentlich die Temperatur mit dem Thermometer und rühre ein paar Mal um. Anschließend schüttest du das **geschrotete Malz** ins aufgeheizte Wasser. Diesen Schritt nennt man Einmaischen. Am besten geschieht das portionsweise, weil sich sonst schnell Klümpchen bilden. Nimm zwischendurch immer wieder den Holzlöffel zur Hand und rühre sorgfältig um. Optisch ist die haferbreiähnliche Maische sicher keine Offenbarung, dafür riecht es bei dir jetzt ziemlich lecker karamellig. Stimmt's? Das liegt daran, dass sich bereits Zucker im Einkocher gebildet hat.

SCHRITT

7

RASTEN

Wer rastet, der rostet? Weit gefehlt. Beim Bierbrauen geht's während der Rast in der Maische richtig ab: Jetzt beginnen die Enzyme damit, ihren Job zu verrichten – ein wichtiger Schritt zur wertvollen Würze.

Wenn du das Malz vorher bei Raumtemperatur gelagert hast, sollte die Gesamttemperatur der Maische nun auf 66/67 °C gefallen sein. Das ist optimal für unsere erste und einzige Rast. Rast bedeutet, dass eine Temperatur im Einkocher für eine Weile gehalten wird. In dieser Zeit sorgen Enzyme aus dem Malz dafür, dass die ebenfalls im Malz enthaltende Stärke in Zucker umgewandelt wird. Zucker brauchen wir, damit später mithilfe der Hefe Alkohol entstehen kann.

Unsere Rast nennt sich **Kombirast** und dauert **60 Minuten**. Rühre währenddessen alle 20 Minuten einmal um und überprüfe auch die Temperatur mit dem Thermometer. Wenn die Temperatur abfällt, heize ruhig ein wenig nach. Achte darauf, dass du dann immer wieder mit dem Holzlöffel umrührst. Anderenfalls könnte deine Maische anbrennen. Du wirst aber überrascht sein, wie selten du nachheizen musst. Die Einkochautomaten halten Temperaturen sehr gut.

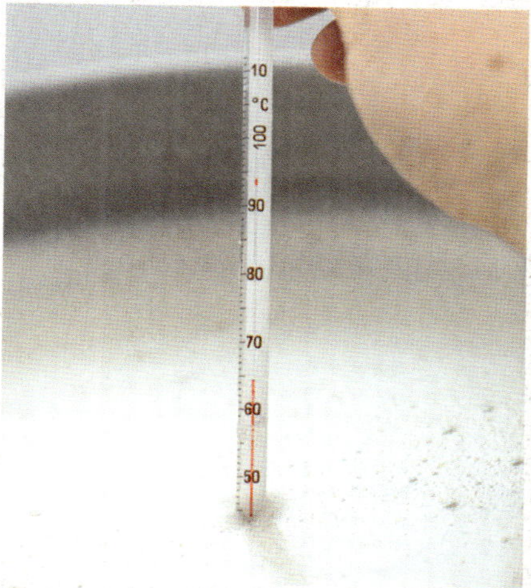

Was geschieht bei der Kombirast?

Wie der Name schon verrät, kombiniert die Kombirast zwei Rasten – die Maltose- und die Verzuckerungsrast –, die in der Regel in kommerziellen Brauereien für die Bierproduktion angewendet werden.

Die **Maltoserast** erfolgt für gewöhnlich bei 63 °C und dauert zumeist 40 bis 50 Minuten. In dieser Zeit spaltet das Enzym Beta-Amylase Stärkeketten und lässt so vergärbare Zuckerarten (zum Beispiel Maltose) entstehen. Für einige Bierstile sind aber auch unvergärbare Zucker (Dextrine) wichtig, sorgen diese doch für die gewünschte Restsüße im Bier und runden den Geschmack ab. Diese Zuckerarten verdanken wir der Alpha-Amylase, die bei 72 °C während der **Verzuckerungsrast** – für 10 bis 20 Minuten – besonders effizient arbeitet.

Mit der **Kombirast** wird das gesamte Prozedere vereinfacht: Die vorgesehenen Zeiten für die beiden klassischen Rasten werden addiert und ein mittleren Temperaturwert ausgewählt. Fertig! Anschließend überlassen wir den Enzymen das Feld, denn sowohl Beta- als auch Alpha-Amylase verrichten ihre Arbeit bei 66/67 °C ordentlich. Soll ein süffiges Bier mit ein wenig Restsüße entstehen, kannst du die Temperatur auch auf 68 °C anpassen. Bist du eher der Pilsfreund und trinkst gerne schlankes Bier, dann peile eher 65 °C an. Natürlich ist das Arbeiten mit Maltose- und Verzuckerungsrast genauer. Aber gerade für den Anfang ist die Kombirast die einfachere Methode zum eigenen Bier. Außerdem sparst du mit der Kombirast Zeit, weil sich das Aufheizen auf eine nächste Rasttemperatur erübrigt.

SCHRITT

8

JODPROBE

Es folgt die Probe aufs Exempel, um die wichtige Frage zu beantworten: Haben die Enzyme ordentlich gearbeitet? Eine Jodprobe, die du vielleicht noch aus dem Chemieunterricht kennst, wird Aufschluss geben.

Nach 60 Minuten kannst du eine Jodprobe machen. Damit überprüfst du, ob die komplette Stärke aus dem Malz in Zucker umgewandelt wurde. Dafür entnimmst du der Maische eine kleine Menge mit dem Holzlöffel. Nun verrührst du diese geringe Menge Maische mit wenigen Tropfen **Jod** auf einer hellen Untertasse. Verfärbt sich deine Probe und wird blau oder violett, ist noch Stärke vorhanden. Dann solltest du die Kombirast um 10 Minuten verlängern und anschließend eine weitere Jodprobe machen. Erst wenn sich die bräunliche Farbe nach Zugabe des Jods nicht mehr großartig verändert, ist die Maische bereit für den nächsten Schritt. Heize anschließend **auf 78 °C hoch** und vergiss das Rühren nicht!

TIPP KEIN JOD ZUR HAND?

Solltest dein Jod mal zur Neige gegangen sein oder du vergessen haben, welches zu kaufen, bedeutet das nicht das Ende des Brautages. Es funktioniert auch alles ohne Jodprobe. Raste dann sicherheitshalber einfach 15 Minuten länger. Und selbst, wenn du vergessen hast, die Maische auf 78 °C zu erhitzen, geht die Welt davon nicht unter. Bier wird's eben immer.

SCHRITT

9

ABMAISCHEN

Bevor es mit der Würze weitergehen kann, muss abgemaischt werden. Außerdem kommen zwei neue Gerätschaften ins Spiel: der Läuterbottich und die Läuterspirale.

Los geht's ans Abmaischen. Das heißt übersetzt: Die Maische muss (am besten mit einem Messbecher oder einer Schöpfkelle) aus dem Einkocher in den Läuter- und Gäreimer umgeschöpft werden. Dieser dient dir in den nächsten Schritten als **Läuterbottich**. Achte vorab darauf, dass der Hahn am Eimer geschlossen und die Läuterspirale innenliegend korrekt befestigt ist. Sie kann in beliebiger Form verlegt werden. Sie nierenförmig auszulegen, empfiehlt sich hier aber besonders. Nach dem Abmaischen setzt du den Einkocherdeckel auf den Bottich, damit die Maische nicht so schnell abkühlt. Nun steht die 15-minütige Läuterruhe an. In dieser Ruhephase setzt sich das Malz, das ab jetzt Treber genannt wird, langsam ab. Es bilden sich Kanäle sowie eine natürliche Filterschicht. Beides ist wichtig für den Läuterprozess. Aber was ist das überhaupt genau, dieses Läutern?

Keine Würze ohne Läutern

Der Ablauf ist schnell erklärt: Beim Läutern wird die zuckerhaltige Würze vom ausgelaugten Malz, dem **Treber**, getrennt. Dafür ist die Durchführung oft etwas komplizierter und zeitaufwendiger als die Erklärung. Nicht nur zu empfehlen, sondern unersetzlich ist dabei die **Läuterspirale**, eine Art Panzerschlauch, der das Läutern stark vereinfacht. Geduld und Aufmerksamkeit werden aber auch benötigt.

SCHRITT

10

LÄUTERRUHE

„Pssst! Leise sein! Jetzt ist schließlich Läuterruhe." Das ist nicht nur der Moment für blöde Witze, sondern auch fürs Saubermachen. Außerdem brauchst du gleich noch heißes Wasser, das du jetzt schon erhitzen kannst.

Während der Läuterruhe kannst du in ein bis zwei großen Töpfen **10 bis 12 Liter Wasser** auf eine Temperatur von **78 °C erwärmen**. Hilfreich ist allerdings auch ein Wasserkocher. Das erhitzte Wasser benötigen wir später für den Nachguss, der den letzten Zucker aus dem Treber herausspülen soll. Außerdem hast du jetzt Zeit, deinen Einkocher grob zu säubern, denn der kommt kurz darauf noch einmal zum Einsatz.

TIPP WENN'S EIN BISSCHEN LÄNGER DAUERT?

Wenn beim Reinigen der Gerätschaften etwas mehr Zeit verstreicht als gedacht, macht das nichts. Auch die Temperatur von 78 °C musst du nicht auf den Punkt genau treffen. Bei 78 °C werden zwar die übrigen Zucker am besten aus dem Treber herausgelöst, im Notfall reicht aber sogar heißes Wasser aus der Leitung. Leckeres Bier wird's auch so!

SCHRITT

11

ERSTE HOPFENGABE

Nun kommt er endlich und zum ersten Mal zum Einsatz: der Hopfen. Das Salz in der Suppe. Für die Mengenbestimmung spielt jetzt der Alphasäuregehalt der von dir ausgewählten Sorte eine wichtige Rolle.

Wirf einen Blick auf den **Alphasäuregehalt** des Hopfens, der auf dem Tütchen vermerkt ist. Suche dann den entsprechenden Wert in der Tabelle für die **Hopfendosierung** auf Seite 79. Der Alphasäurewert zeigt an, wie effizient ein Hopfen dein Bier bittern kann. Anhand der Tabelle kannst du ablesen, wie viel Hopfen du für deine erste Hopfengabe benötigst, um den angestrebten Bitterwert zu erreichen.

Wiege mit deiner Küchenwaage die Menge an **Hopfenpellets** ab und gib diese in den leeren Einkocher. Wenig später wirst du die Würze direkt auf den vorgelegten Hopfen laufen lassen, der durch die noch sehr geringen Temperaturen sofort sein aromatisches Hopfenöl in die Würze abgibt. Der Brauprofi spricht hier von Vorderwürzehopfung, die deinem Craftbier einen besonderen Hopfengeschmack verleiht.

INFO DIE VORDERWÜRZE

Vorderwürze ist der erste Anteil der Würze, der frisch geläutert und damit noch nicht durch den Nachguss verdünnt wurde. Es gibt sogar Brauereien, die reine Vorderwürzebiere produzieren. Geschmacklich sind diese Brauerzeugnisse besonders intensiv und malzaromatisch, allerdings auch teurer, weil sie nur in geringer Menge produziert werden können oder wesentlich mehr Malz eingesetzt werden muss.

SCHRITT

12

LÄUTERN

Deine Aufmerksamkeit ist gefragt: Um diesen Filterprozess optimal durchführen zu können, musst du auf ein paar wichtige Dinge achten. Dann klappt auch das aufwendige Läutern problemlos.

Bevor es ans Läutern geht, du also die Würze vom Treber trennst, kommt der **kleine stabile Tisch** ins Spiel, auf den du deinen Einkochtopf mit dem Hopfen stellst. Platziere den Tisch so unter der Arbeitsfläche, dass die Würze vom Läuterbottich in den Einkochtopf laufen kann.

Außerdem drehst du den gelöcherten Einkocherdeckel auf dem Läuterbottich einmal um, sodass du die Unterseite im Blick hast.

Nimm dir anschließend den **Messbecher** zur Hand und öffne den Hahn. Die ersten Liter Würze sind noch sehr trüb, die müssen noch einmal gefiltert werden. Schütte einfach die trübe Würze über den **umgedrehten Deckel** zurück in den Bottich.

Die Löcher bewirken, dass der Treber seine Form behält und nicht unnötig aufgewirbelt wird.

Sobald die Würze halbwegs klar gelaufen ist, kannst du den Inhalt des Läuterbottichs langsam in den Einkochautomaten laufen lassen. Ein Silikonschlauch verhindert unnötiges Plätschern, ist aber kein Muss.

Riechst du die ätherischen Öle? Je nach Hopfensorte duftet es jetzt würzig, grasig, erdig oder fruchtig. Wenn dich das auch so begeistert wie mich, dann bist du wohl ein Hophead und wirst zukünftig noch mehr Hopfenexperimente am Braukessel durchführen. Ich beruhige dich gerne: Es gibt Schlimmeres.

INFO DIE ALTERNATIVE ZUM LOCHDECKEL

Wenn du deinen Einkocherdeckel nicht mutwillig zerstören möchtest und auf den Löchertrick verzichten willst, benötigst du einen Sieblöffel, über den du das Nachgusswasser vorsichtig schütten kannst.

SCHRITT

13

NACHGUSS

Das heiße Nachgusswasser hilft dabei, auch den Zucker, der noch im Treber hängt, herauszuspülen. Das ist notwendig, denn du willst ja nichts verschwenden, an dem die Hefe später ihre Freude haben könnte.

Was du jetzt brauchst, ist das **aufgewärmte Nachgusswasser**. Schütte während des Läuterns nach und nach in kleinen Portionen die 10 bis 12 Liter Wasser über den Lochdeckel in den Bottich. Diese Phase kann schon mal eine Dreiviertelstunde dauern. Aber bleib immer konzentriert am Ball: Dein Treber sollte nie trocken laufen, sonst setzen sich die Kanäle zu. Bis zum letzten Tropfen Nachguss müssen immer zwei Finger breit Wasser auf dem Treber liegen. Sollte der Fluss wirklich einmal ins Stocken geraten, kannst du mit einem großen Brotmesser im Treber künstlich und mit großer Vorsicht neue Kanäle schaffen.

Am Ende wirst du nahezu alle Zucker aus dem ausgelaugten Malz herausgespült und einen vollen Einkocher mit herrlich riechender Würze haben. Wenn der Einkocher halbvoll ist, wirf schon mal die Heizung an – auf höchste Stufe. Dein Ziel sind **100 °C**. Der Hopfen soll später zum Kochen gebracht werden.

TIPP WAS PASSIERT MIT DEM TREBER?

Wenn du Schweine im Garten hast, freuen die sich sehr darüber. Vielen Städtern bleibt aber nur die Biotonne. Man kann Treber aber auch sinnvoll in der Küche verarbeiten. Beispielsweise kann er in getrockneter Form als Panade für Schnitzel dienen. Oder du backst einfach ein Treberbrot.

Zutaten:

- 250 g Treber
- 500 g Weizenmehl
- 250 ml Bier
- 1 Päckchen Back- oder Biertrockenhefe
- 1 Teelöffel Salz

Alle Zutaten vermengen und durchkneten, bis ein Teig entsteht. Anschließend im Warmen circa 1 Stunde gehen lassen. Den Brotteig entweder in einer Kastenform oder zu einem Laib geformt 1 Stunde bei 220 °C (Ober-/Unterhitze) backen. Als zusätzliche Zutaten eignen sich auch noch angedünstete Zwiebeln und Speck. Den Treber kann man übrigens auch portionsweise einfrieren und immer mal wieder für ein Treberbrot auftauen.

SCHRITT

14

WÜRZEKOCHEN

Ein Bier, das nicht wenigstens in Ansätzen bitter ist? Unvorstellbar. Nur wenn es kocht, kann der Hopfen auch seine Bitterstoffe an die Würze abgeben. Nicht nur deshalb ist die Kochphase besonders wichtig.

Der Einkocher sollte natürlich nicht bis zur Oberkante mit Würze gefüllt sein, sonst kann es schnell mal überkochen. Wallendes Kochen ist allerdings durchaus erwünscht. Wahre am besten einen Sicherheitsabstand zur obersten Kante von 5 Zentimeter.

Damit der Einkocher die 100 °C schneller erreicht, kannst du den Deckel auflegen – dieses Mal gern richtig herum. Insgesamt dauert der **Kochvorgang 70 Minuten**.

TIPP ISOLIEREN

Wenn du im Garten oder auf dem Balkon braust oder dein Einkochautomat zu wenig Leistung mitbringt, kannst du ihn mit einem dicken Handtuch oder einer Decke für den Kochvorgang isolieren. Ebenfalls gut für die Isolation geeignet sind alte, ausgediente Isomatten.

Bis die Würze kocht, kannst du dich um deinen Läuterbottich mit dem Treber kümmern, der erstmal komplett trocken laufen sollte. Das ist sowohl für die Entsorgung als auch für eine mögliche Weiterverarbeitung (siehe „Was passiert mit dem Treber?“, S.39) wichtig. Danach geht's ans Saubermachen mit heißem Wasser: Der Bottich ist schließlich nicht zum Läutern vorgesehen, du brauchst ihn später auch noch zum Gären. Die Läuterspirale kannst du ausbauen, säubern und beiseite legen.

Stellt sich noch die Frage, warum die Würze zum Kochen gebracht werden muss. Das hat mehrere Gründe: Beispielsweise lösen sich die Bitterstoffe aus dem Hopfen erst in der Kochphase. Die Bitterstoffe geben dem Bier seinen besonderen herben Charakter und machen es zudem länger haltbar. Darüber hinaus sollen unerwünschte Aromastoffe verdampfen. Einer davon ist Dimethylsulfid (kurz: DMS), der durch das Malz in die Würze gelangt und dem fertigen Bier einen Gemüsegeschmack verpasst. Das will wirklich keiner. Schau also, dass du den Deckel während des Kochens nur halb auflegst, damit ausreichend Flüssigkeit verdampfen kann. Im Nachhinein ist es immer noch möglich, mit Wasser zu verdünnen und die angepeilte Menge zu erreichen.

SCHRITT

15

ZWEITE HOPFENGABE

Ein weiteres Mal gibst du Hopfen hinzu und das kurz vor Ende des Kochens. Es lösen sich abermals Bitterstoffe, aber vor allem ätherische Öle, die deinem späteren Craftbier ein aussagekräftiges Aroma verpassen werden.

Kurz vor Kochende kannst du die zweite Hopfengabe vorbereiten. Schau wieder in die Tabelle für die **Hopfendosierung** (S. 79) und wiege anschließend die entsprechende Menge mit deiner Küchenwaage ab. Nach 70 Minuten schaltest du den Einkocher aus und gibst den Hopfen langsam in die kochend heiße Würze. Sei vorsichtig! Es kann sein, dass es dabei ordentlich schäumt. Auch diese zweite Hopfengabe wird für ein erstklassiges Aroma deines Bieres sorgen.

SCHRITT 16
WHIRLPOOL

Jetzt wartet der Whirlpool auf dich. Aber bitte nicht missverstehen, an Entspannung im angenehm warmen Nichtschwimmerbecken ist noch nicht zu denken.

Du musst nun durch eine **kreisförmige Rührbewegung** mit dem **Braupaddel** einen Strudel im Einkocher erzeugen. Der Anblick soll an einen Whirlpool erinnern, daher der Name. Das Prozedere hat aber auch einen Sinn: Es dient der Filtration. Am Boden des Einkochers entsteht ein Kegel mit Trubstoffen, unter anderem Eiweiße und nicht gelöste Hopfenbestandteile, die nicht mehr benötigt werden. Das ermöglicht es dir wenig später, die Würze nahezu klar seitlich über den Hahn des Einkochers in den Gärbottich ablaufen zu lassen.

SCHRITT

17

HOPFENSEIHEN & UMSCHLAUCHEN

Lieber auf Nummer sicher gehen: Trotz Whirlpool solltest du beim Umfüllen in den Gärbottich einen Filter zur Hand haben, denn ein bisschen gelöster Hopfen kommt beim sogenannten Umschlauchen immer mit.

Es ist ratsam, auf einen **Monofilamentfilter** zurückzugreifen, der die geringe Menge an Hopfen auffängt. Hopfenseihen nennt das der Mann vom Fach. Achte darauf, dass der Filter gereinigt ist. Auch ein Abkochen zuvor ist sinnvoll. Eine mögliche Alternative zum Filter stellt ein Küchensieb mit sauberem Küchentuch dar.

Warte, bis der Whirlpool komplett zur Ruhe gekommen ist. Inzwischen kannst du überprüfen, ob der Läuter- und Gäreimer richtig sauber ist. Desinfiziere ihn einmal mit Isopropanol oder spüle ihn mit kochendem Wasser aus. Und vergiss nicht, den Hahn zu schließen. Sonst darfst du später noch wischen.

Platziere den Läuter- und Gäreimer unterhalb des Einkochautomaten. Ab sofort übernimmt er die Rolle des Gärbottichs. Anschließend kannst du langsam den Hahn des Einkochers aufdrehen und die **fertige Bierwürze** in den Bottich laufen lassen. Auch beim Umschlauchen ist ein Silikonschlauch hilfreich.

Bleibe jetzt immer aufmerksam, weil der Trubkegel am Boden des Einkochers gegen Ende schnell zerfällt. Dann solltest du den Einkocherhahn zudrehen und lieber auf die letzten 100 Milliliter Würze verzichten. Außerdem kannst du noch 2 bis 3 Liter kaltes Wasser in den Gärbottich hinzuschütten, weil während des Kochens einiges an Flüssigkeit verdampft ist. Schlussendlich kommt noch der desinfizierte Deckel mit dem Gärröhrchen auf den Eimer.

INFO **DIE WICHTIGE HYGIENE**

Ab sofort musst du penibel auf Reinlichkeit achten. Die süße Würze ist bis zur Hefezugabe besonders anfällig für Keime, wilde Hefen aus der Luft und Fruchtfliegen, die im schlimmsten Fall dafür sorgen können, dass sich dein hopfenintensives Craftbier in ein Sauerbier verwandelt. Das heißt, dass du alle Gegenstände, die noch mit der Würze in Kontakt kommen, vorab mit Isopropanol desinfizieren oder abkochen solltest.

SCHRITT

18

STAMMWÜRZEMESSUNG & ABKÜHLEN

Bevor du den Gärbottich zum Abkühlen beiseite stellst, befüllst du deinen Messzylinder für die Bierwürzespindel vollständig mit Würze. So kannst du die Stammwürze messen, die letztlich für die Alkoholberechnung benötigt wird.

Stell den mit heißer Würze gefüllten Zylinder einfach zum Abkühlen zur Seite oder kurz in den Kühlschrank. Wenn die Temperatur von **20 °C** erreicht ist, kannst du die Spindel eintauchen und ablesen, wie hoch der Zuckergehalt deiner Würze ist. Diesen Wert nennt man **Stammwürze**. Deine **Spindel** sollte einen Wert zwischen **12 und 13°Plato** anzeigen. Falls du im letzten Schritt nicht mit Wasser verdünnt hast, kann es auch sein, dass der Wert höher ausfällt. Dann wird dein Craftbier möglicherweise alkoholstärker als erwartet. Oder du kippst noch einmal Wasser nach. Die Entscheidung bleibt dir überlassen. Wenn du deine Zielstammwürze beim ersten Sud nicht erreichen konntest, ist das kein Beinbruch. Zu schnelles Läutern könnte ein Grund dafür gewesen sein.

Nimm dir beim nächsten Mal einfach ein bisschen mehr Zeit, damit der wertvolle Zucker nahezu komplett aus dem Treber herausgespült werden kann. Wenn du auf Nummer sicher gehen willst, kannst du beim Maischen auch einfach etwas mehr Malz verwenden als im Rezept angegeben.

Warum wird die Stammwürze gemessen?

Ohne den Wert der Stammwürze kannst du nach der Gärung nicht ausrechnen, wie hoch der Alkoholanteil in deinem Bier ist. Darum solltest du dir den Wert auf jeden Fall immer notieren. Außerdem ist die Stammwürze Berechnungsgrundlage für die Biersteuer. Die kommt aber erst auf dich zu, wenn du im Kalenderjahr mehr als 200 Liter braust. Die Einheit, in der die Stammwürze gemessen wird, wird als °Plato bezeichnet. Sie ist übrigens nach dem deutschen Chemiker Fritz Plato und nicht nach dem gleichnamigen griechischen Philosophen benannt.

Zur Stammwürze gehört überdies auch der Restextrakt, der nach der Gärung ebenfalls mit einer Spindelprobe überprüft werden sollte. Aus beiden Werten kann dann der Alkoholgehalt errechnet werden.

Kippe die Spindelprobe nicht zurück in den Gärbottich, sondern besser in den Ausguss.

So bewahrst du deinen Sud vor möglichen Keimen. Die Bierwürze muss bis zur Hefezugabe abkühlen. Am besten lässt du deinen Sud daher **über Nacht an einem kühlen Ort** stehen.

Wenn alle Gerätschaften soweit gereinigt sind, genieße am besten noch ein gutes (Kauf-)Craftbier. Dein erster Brautag wäre geschafft!

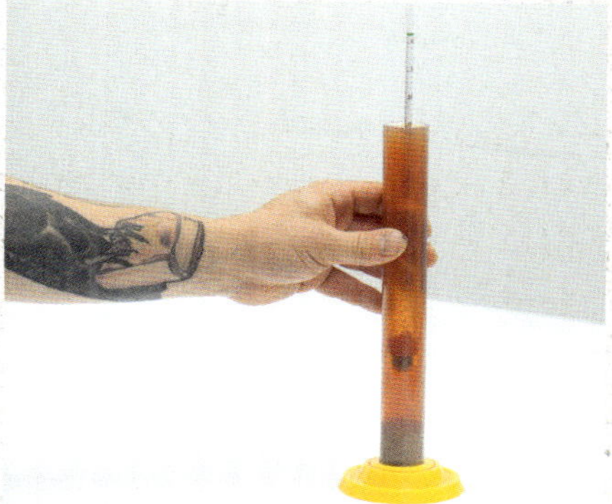

INFO WIE KOMME ICH AUF GENAU 20 LITER BIER?

Wenn du genau 20 Liter Bier haben möchtest, solltest du die Würze auf 21 Liter strecken. Warum? Nach der Gärung wird die Hefe sich vermehrt und einen größeren Raum im Gärbottich eingenommen haben. Der dickbreiige Schlamm liegt dann am Boden des Eimers und hat gut 1 Liter Bier in sich aufgenommen, der leider verloren ist. Als Faustregel gilt also: 1 Liter „schluckt" die Hefe selbst.

SCHRITT

19

HEFEGABE

Aufstehen! Noch vor dem Frühstück geht's für dich weiter. Die Hefe schreit schon nach Zucker. Ab in die Würze mit ihr!

Am nächsten Morgen sollte sich deine Bierwürze im Temperaturbereich zwischen **25 und 30 °C** befinden. Angenehmere Temperaturen kann es für die Hefe nicht geben. Wenn es muckelig warm ist, ist die Hefe besonders aktiv. Der Prozess des sogenannten **Anstellens**, also der Zugabe der Hefe, ist äußerst simpel. Die Trockenhefe muss einfach gut verteilt auf die Oberfläche der Würze aufgestreut werden. **Für 20 bis 25 Liter Würze** reicht eine Tüte mit **circa 12 Gramm Hefe** aus. Auch hier gilt: keine Klümpchen bitte. Jetzt schließe den Deckel wieder und fülle das Gärröhrchen bis zur Markierung mit Wasser. So stellst du sicher, dass keine Insekten in dein gärendes Bier gelangen können. Außerdem zeigt dir das Blubbern in den kommenden Tagen immer an: Hier gärt's noch! Die Hefe sorgt nicht nur dafür, dass aus dem vergärbaren Zucker Alkohol wird. Bei der Gärung entsteht auch reichlich Kohlensäure, die irgendwo hin muss. Also bahnt sie sich ihren Weg durch das Gärröhrchen.

INFO TROCKENHEFE VERSUS FLÜSSIGHEFE

Mit Trockenhefen macht es sich der Heimbrauer sehr einfach: Tütchen auf und drauf auf die Würze! Das ist gerade für den Anfänger der schnellste Weg zum süffigen Craftbier. Wer einen Schritt weitergehen möchte, kann sich auch einmal an Flüssighefe probieren. Sie ist der Trockenhefe geschmacklich ein wenig voraus, muss allerdings auch erst aufwendig für die Gärung vorbereitet werden. Es sei denn, du hast eine Brauerei um die Ecke, die dir frische Flüssighefe überlässt. Das wäre dann der Jackpot!

SCHRITT

20

DIE GÄRUNG

Nach 12 bis 24 Stunden sollte die Gärung beginnen. Der Profi spricht vom Ankommen der Hefe. Dann beginnt die Phase, in der Geduld gefragt ist, denn die Gärung kann manchmal bis zu zwei Wochen andauern.

Eine Phase, in der man sich herbeisehnt, dass es endlich aufhört zu blubbern. Dass die Gärung endet, damit man das eigene Bier probieren kann. Und man ärgert sich, dass man nur einen Gärbottich bestellt hat und keinen weiteren zur Hand hat.
Im Gärbottich spielt sich indes folgendes Bild ab: Langsam bilden sich kleine Schauminseln, die irgendwann zu einer großen schaumigen Oberfläche zusammenwachsen. Diesen Hefeteppich nennt man auch **Kräusen**. Schau ruhig alle 2 Tage mal nach, was deine Gärung macht. Wenn sich die Gärphase dem Ende zuneigt, haben sich die Schauminseln großenteils komplett zurückgebildet. Auch die Kohlensäureentwicklung lässt nach. Das Gärröhrchen blubbert nicht mehr. Es ist Zeit, den Restextrakt zu messen und herauszufinden, wann du abfüllen kannst.

TIPP UND IN DER ZWISCHENZEIT?

Nutze die 5 bis 14 Tage, die eine Gärung andauern kann, einfach dafür, dich fortzubilden. Das Hobbybrauerforum ist eine hervorragende Quelle im Netz für alle weiterführenden Fragen, die über den Inhalt dieses Buches hinausgehen. Die meisten Brauverrückten im Forum sind nett und hilfsbereit. Es lohnt sich also auch, in Diskussionsrunden einzusteigen und mitzureden.

SCHRITT

21

DEN RESTEXTRAKT MESSEN

Wenn du vermutest, die Gärung könnte beendet sein, dann musst du erneut eine Spindelprobe nehmen. Der sogenannte Restextrakt, den du nun misst, ist neben der Stammwürze der zweite wichtige Wert zur Berechnung des Alkoholgehalts.

Dieser **Spindelwert** zeigt an, wie viel Zucker noch im fertig vergorenen Jungbier zurückgeblieben ist. Dieser Zucker ist der unvergärbare Zucker, der während der Kombirast entstanden ist. Der vergärbare Zucker ist vollends zu Alkohol verstoffwechselt worden. Der Wert des Restextrakts dürfte zwischen **2 und 5 °Plato** liegen. Notiere dir den Wert und wiederhole die Messung an den beiden Folgetagen.

Nimm bitte immer wieder eine neue Probe. Die alte Probe kannst du nach dem Messen wegschütten oder einfach probieren. Es handelt sich schließlich schon um Bier – dein erstes Craftbier. Wenn sich der Messwert 3 Tage in Folge nicht ändert, ist die Gärung durch. Erst dann kannst du mit dem Abfüllen beginnen. Bitte fülle dein Jungbier nicht zu früh ab. Sonst bastelst du dir Flaschenbomben.

TIPP ALKOHOLBERECHNUNG

Da du jetzt einen Wert für den Restextrakt hast, kannst du nun den finalen Alkoholgehalt deines Bieres berechnen. Hier eine komplizierte Formel abzudrucken, damit du alles umständlich im Kopf berechnen kannst, spare ich mir. Es gibt zwar eine Faustregel, die ist aber äußerst ungenau: (Stammwürze – Restextrakt : 2). Besser sind die Tools im Netz, die das viel schneller und genauer erledigen.

SCHRITT 22

FLASCHEN VORBEREITEN

Es ist so weit, das Warten hat ein Ende. Du hast hoffentlich dein Leergut in ausreichender Menge selbst produziert, denn nun wartet das Abfüllen auf dich.

Die sauberen Flaschen, die du nach dem Genuss direkt mit heißem Wasser ausgespült hast, kannst du jetzt noch mal mit Wasserdampf keimfrei machen. Dazu eignet sich eine Spülmaschine mit Schnellspülprogramm. Stelle einfach die Flaschen kopfüber aufs Gestell und starte den Vorgang ohne Spülmaschinen-Tab. Ansonsten kannst du deine Flaschen auch nur nochmal mit sehr heißem Wasser ausspülen. Keine gute Idee ist es, den Backofen zum Sterilisieren zu verwenden. Das Glas könnte porös werden und die Flaschen könnten sogar platzen. Wenn du Bügelflaschen verwendest, solltest du die Verschlüsse und die Gummis, unter denen sich auch gerne mal Dreck versteckt, zunächst reinigen und dann mit kochendem Wasser übergießen.

SCHRITT

23

AUFKARBONISIEREN

Ein Großteil der Kohlensäure, die bei der Gärung entstanden ist, hat sich durch das Gärröhrchen verflüchtigt. Weil dein Pale Ale aber trotzdem spritzig und erfrischend daherkommen soll, musst du vor dem Abfüllen noch einmal nachhelfen.

Und zwar mit einer Alternative zur zuckerhaltigen Würze, dem handelsüblichen Haushaltszucker. Dieser wird in der geschlossenen Flasche während der einwöchigen Nachgärung von den wenigen, kaum sichtbaren Hefepartikeln im Jungbier verstoffwechselt. Das erzeugt nur noch wenig zusätzlichen Alkohol (knapp 0,5 % pro 0,5-Liter-Flasche), dafür aber das gewünschte Gärnebenprodukt Kohlensäure in ausreichender Menge. Hierbei spricht man von Aufkarbonisieren.

Die Dosierhilfe entpuppt sich hier als dein neuer bester Freund: Für eine ausreichende Menge Kohlensäure in Halbliterflaschen benötigt man **3,75 g Haushaltszucker**. Diese Menge genau auszuwiegen, ist schier unmöglich. Deswegen ist die **Dosierhilfe** mit den drei Schaufeln für unterschiedliche Flaschengrößen von unschätzbarem Wert. Nutze am besten noch einen Trichter dazu, dann geht es schnell und nichts daneben.

SCHRITT

24

ABFÜLLEN

Du bist kurz vor dem Ziel. Der letzte Akt steht an: das Abfüllen. Wenn du dabei zu einem nützlichen kleinen Gadget greifst, geht das Flaschenbefüllen besonders einfach und schnell vonstatten.

Mithilfe des Hahns am Gäreimer kannst du das Jungbier nun in die zuvor mit dem Zucker versehenen Flaschen abfüllen. Noch komfortabler wird's allerdings, wenn du das empfohlene **Abfüllröhrchen** verwendest. Dann musst du den Hahn nicht ständig neu öffnen.

Ein Ventil sorgt dafür, dass das Röhrchen erst Jungbier freigibt, wenn es auf dem Flaschenboden aufgesetzt wird. Verschließe die vollen Flaschen anschließend direkt mit den Bügeln. Es empfiehlt sich außerdem, die Flaschen nach dem Befüllen einmal leicht zu schütteln, damit sich der Zucker verteilt.

TIPP ETIKETTEN LEICHT GEKLEBT

Eine schöne Flasche Bier wird mit einem Etikett noch viel schöner. Im Netz findest du auf der Webseite www.beerlabelizer.com einen Anbieter, der dich kostenfrei Designs entwerfen lässt. Die ausgedruckten Etiketten kannst du später am besten mit fettarmer Milch aufkleben. Und keine Sorge, wenn du die Flaschen nicht ewig enormer Sonneneinstrahlung und großer Hitze aussetzt, schimmelt da auch nichts.

SCHRITT

25

NACHGÄRUNG

Ein letztes Mal ist nun deine Geduld auf die Probe gestellt. Eine Woche musst du noch durchhalten, bis du dein eigenes Craftbier zum ersten Mal verkosten darfst.

Nachgärung bedeutet für dich, dass es auf die Zielgerade geht. 7 Tage sollten die gefüllten Flaschen noch in einem warmen Raum stehen, damit die Hefe ihre Arbeit korrekt verrichten kann.

Eine Woche musst du dich noch gedulden, dann kannst du endlich dein Selbstgebrautes probieren. Allerdings sollte es zunächst bei einer Flasche bleiben. Direkt nach der Nachgärung schmeckt dein Bier nämlich noch nicht ansatzweise so gut wie nach 4 bis 6 Wochen Lagerung im Kühlen.

Nochmal über einen Monat warten? Ich kann deine Empörung verstehen, dich aber auch ein wenig beruhigen. Es ist absolut sinnvoll, jedes Wochenende eine weitere Flasche zu probieren. Damit lernst du dein Bier besser kennen und weißt, wie es sich über die Wochen weiterentwickelt.

Spätestens dann wirst du auch verstehen, dass sich beim Brauen deines eigenen Craftbiers Geduld wirklich auszahlt. Prost!

DIE ROHSTOFFE

AUF ZUM LIEBLINGSBIER

Wenn du dein erstes eigenes Craftbier gebraut hast, wirst du schnell Lust auf mehr haben. Vermutlich packt dich auch schnell die Experimentierfreude. Damit du dich aber richtig austoben kannst, solltest du noch ein wenig mehr über die Rohstoffe in Erfahrung bringen.

Um das Ausgangsrezept so abzuwandeln, dass am Ende dein neues Lieblingsbier entsteht, musst du über die Zutaten genau Bescheid wissen. Deshalb bieten dir die folgenden Seiten reichlich Zusatzinformationen rund um die vier wichtigen Rohstoffe im Brauprozess.

Ab Seite 86 findest du außerdem zehn erprobte Rezepte von beliebten Bierstilen. Dazu zählen sowohl deutsche Klassiker wie Weizen- und Altbier als auch angesagte internationale Craftbierstile wie IPA und Stout, die allesamt nach dieser Anleitung gebraut werden können.

WASSER

Bier besteht zu mindestens 80 % aus Wasser. Beim schlanken Pils sind es sogar 92 %, alkoholstarke und süße Bockbiere haben einen geringeren Wasseranteil. Nichtsdestoweniger beweisen diese Zahlen, dass das Brauwasser für die Qualität des Bieres eine große Rolle spielt.

Ein altes Sprichwort sagt: Auch Wasser wird zum edlen Tropfen, mischt man es mit Malz und Hopfen. Doch Wasser ist nicht gleich Wasser. Jede Biersorte stellt andere Anforderungen an ihr Brauwasser. Heutzutage gibt es Mittel und Wege, das Wasser entsprechend auszuwählen. Doch das war nicht immer so.

Bevor es möglich war, Wasser für den Brauprozess aufzubereiten, mussten sich die Brauer mit dem zufrieden geben, was ihr lokaler Brunnen oder Fluss hergab. So entwickelten sich die regionaltypischen Bierstile. Im Münchner Raum hatte das Wasser schon immer eine hohe Karbonathärte, mit anderen Worten: Der Salzgehalt war sehr hoch. Das hat zwei Nachteile: Eine hohe Karbonathärte erschwert den Enzymen ihre Arbeit. Außerdem spendet eine hohe Karbonathärte hopfenintensiven Bieren eine unangenehme, kratzige Bittere. Vor allem diese Bittere führte dazu, dass die Münchner ihr berühmtes Dunkel mit den kräftigen malzigen Noten lieben lernten und auf stark gehopfte helle Biere verzichten mussten.

Ganz anders im böhmischen Pilsen, wo ein Braumeister aus Niederbayern namens Josef Groll im Jahr 1842 ein später weltweit beliebtes hopfenbetontes Helles braute. Sein Bier nach Pilsener Brauart, heute als Pilsener Urquell bekannt, schmeckte erfrischend und war bekömmlich.

Vor allem suchte man vergebens nach einer kratzigen Bittere. Das war in erster Linie dem sehr weichen Wasser in Pilsen zu verdanken, das für Biere mit hohem Hopfenanteil optimal geeignet ist.

Heutzutage kann in jeder Brauerei jede Biersorte gebraut werden. Es ist überall möglich, die Wassereigenschaften je nach Bierstil anzupassen. Und auch du hast die Möglichkeit, mit einfachen Mitteln die Qualität deines Brauwassers zu verbessern. In den meisten Fällen musst du das aber gar nicht.

Sollte dein Wasser eine zu hohe Karbonathärte besitzen, du aber gerne ein helles, hopfiges Bier (zum Beispiel das Pale Ale) brauen möchtest, kannst du bereits mit einem der gängigen Trinkwasserfiltersysteme einiges erreichen.

Noch einfacher ist der Weg des Abkochens in einem Edelstahltopf. 1 Stunde Kochzeit ist nötig, danach lässt du das Wasser einfach abkühlen. Am nächsten Tag hat sich der Kalk am Boden des Topfes abgesetzt und die Karbonathärte ist etwa um die Hälfte reduziert. Dein enthärtetes Wasser ist bereit fürs Brauen.

Gerade bei deinen ersten Selbstbrauversuchen wird dir aber vermutlich gar nicht auffallen, dass du dein Brauwasser aufbereitet hast. Das kommt daher, dass die anderen drei Zutaten, Malz, Hopfen und Hefe, das Geschmacksprofil deines Biers noch viel deutlicher beeinflussen. Also mach es dir nicht unnötig schwer und versuch's erst einmal mit dem Brauwasser, das aus deiner Hahn kommt, wenn es in deiner Wohngegend problemlos trinkbar ist.

INFO GUTES TRINKWASSER WIRD ZU BRAUWASSER

Für den Anfänger gilt: Wenn du das Wasser bei dir zu Hause aus dem Hahn bedenkenlos trinken kannst, kannst du es auch als Brauwasser für dein Bier verwenden.

MALZ

Vom „Körper des Bieres" schwärmen Bierliebhaber gerne, wenn es um das Malz geht. Unzählige Sorten gibt es und sie alle verpassen dem Bier einen einzigartigen besonderen Charakter, einen außergewöhnlichen Geschmack.

Karamellige, brotige, getreidige, sogar rauchige Aromen kommen allein aus dem Malz ins Bier. Es sorgt für ein süffiges, abgerundetes Geschmackserlebnis. Aber wo wächst Malz eigentlich? Klar, auf dem Feld – wie jedes Getreide. Aber Moment mal: Unter dem Suchbegriff „Malzbauer" findet selbst die bekannteste Suchmaschine der Welt nur 764 Einträge.

Um das Rätsel direkt aufzulösen: Malz wird natürlich nirgendwo angebaut. Es wird weiterverarbeitet. Der Bauer baut lediglich die Braugerste an. Gerste ist eine Getreidesorte mit einem hohen Stärkeanteil und eignet sich daher hervorragend fürs Bierbrauen. Aber natürlich kann die Hefe mit der Stärke allein nichts anfangen. Sie braucht Zucker, damit sie Alkohol erzeugen und aus der Würze ein Bier machen kann. Damit aus Stärke Zucker wird, werden Enzyme benötigt, doch diese gilt es zunächst einmal im Korn zu aktivieren und zu vermehren. Nichts anderes passiert in der Mälzerei.

VON VORNE NACH HINTEN: PILSENER MALZ, WEIZENMALZ, RÖSTMALZ.

INFO
DAS REINHEITSGEBOT

Da das Reinheitsgebot heutzutage nur noch ein Marketinginstrument der großen Brauereien ist, hat es uns eigentlich nicht zu interessieren. Heimbrauer müssen sich sowieso an kein Reinheitsgebot der Welt halten. Alle Beschränkungen zur Herstellung sind heute im vorläufigen Biersteuergesetz von 1993 und in der Bierverordnung festgelegt. Und an diese haben sich zum Glück nur kommerzielle Brauer zu halten.

Die Vermälzung

Der Prozess der Vermälzung läuft wie folgt ab: Die geernteten und danach gründlich gereinigten Körner der Braugerste durchleben drei wichtige Schritte bis zum Malz. Zuerst geht es ans Weichen. 1 bis 2 Tage werden die Gerstenkörner in dieser Zeit eingeweicht, bis sie einen Wassergehalt von 40 % vorweisen können.

Danach folgt das Keimen. Auch hier werden die Getreidekörner weiterhin feucht gehalten, damit sich die für den Brauprozess so wertvollen Enzyme im Korn bilden können. Der wichtigste Schritt vom schnöden Gerstenkorn zum wertvollen Malzkorn ist nach gut einer Woche getan.

Die Enzymbildung wird anschließend durch das Darren gestoppt. Dabei werden die Körner mit Heißluft getrocknet. Dieser Vorgang verlängert auch die Haltbarkeit. Noch wichtiger ist das Darren aber im Hinblick auf Farbe und Geschmack des fertigen Malzes.

Um die vielen verschiedenen Malzsorten produzieren zu können, müssen die Malzkörner unterschiedlich heiß gedarrt werden. Zunächst wird bei knapp 45 °C dafür Sorge getragen, dass die Feuchtigkeit im Korn rasch verringert und die Enzymtätigkeit gestoppt wird. Anschließend wird die Temperatur erhöht, um den Körnern ihre Farbe und ihren charakteristischen Geschmack zu verpassen: Es werden die vielen unterschiedlichen Sorten geschaffen.

Die Basismalze

Pilsener Malz, das hellste Basismalz, wird für die meisten typisch hellen Bierstile verbraut. Dazu zählt natürlich das Pils selbst, aber auch das in Süddeutschland verbreitete Helle. Die farb- und geschmacksgebende Darrtemperatur liegt beim Pilsener Malz bei 80 bis 85 °C. Die Farbe des Korns bleibt so schön hell. Der Geschmack im Bier ist nur wenig malzaromatisch, dafür eher getreidig und leicht süßlich.

Etwas dunkler ist das Wiener Malz, das für gewöhnlich im Temperaturbereich von 85 bis 90 °C gedarrt wird. In Österreichs Landeshauptstadt braute man früher ausschließlich mit diesem Malz ein süffiges Bier namens Wiener Lager. Dieses Basismalz färbt seine Biere goldgelb. Einige Märzenbiere, aber auch durchaus Biere nach Pilsener Brauart werden heute mit Wiener Malz hergestellt.

Neben den hellen Vertretern Pilsener und Wiener Malz gibt es auch noch ein dunkles Basismalz: das Münchner Malz. Durch seine wesentlich stärke Farbtiefe, die durch eine Darrtemperatur von 95 bis teilweise 105 °C begründet ist, eignet es sich besonders

ders für das namensgebende Münchner Dunkel, findet aber auch oft in Altbieren und allen anderen dunklen Bierstilen Verwendung. Das Münchner Malz bringt per se schon eine Süße mit, die die Vollmundigkeit und Süffigkeit des fertigen Brauerzeugnisses stark beeinflusst.

Alle Basismalze aus Gerste eint, dass sie in einem Brauprozess für die Schüttung zu 100 % verwendet werden können. Als Schüttung bezeichnet man die Gesamtmenge aller verwendeten Malzen pro Brauvorgang. Im Gegensatz zu den Basismalzen werden Spezialmalze nur in geringen Mengen verwendet, weil ihre Rolle als Geschmacksgeber sonst zu ausgeprägt wäre.

Die Spezialmalze

Karamellmalze zählen zu den Spezialmalzen und werden in vielen unterschiedlichen Farben hergestellt. Sie sind hervorragend dazu geeignet, dem Bier eine auffällig süße Komponente zu verpassen, denn ihre Verzuckerung wurde bereits in der Mälzerei vorangetrieben. Durch die Verwendung dieser süßen Karamellmalze werden Biere vollmundiger. Außerdem steigern sie die Schaumstabilität.

Im Brauprozess ist die Anpassung von Alkohol und Restsüße über die unterschiedlichen Rasten oft kompliziert. Daher empfiehlt sich, neben der Verwendung der Basismalze oft auch einen Anteil von 5 bis 15 % an Karamellmalzen einzumaischen. Insbesondere dann, wenn man sich auf die Kombirast festgelegt hat. So kommt nahezu automatisch ein gewisser Anteil an Restsüße ins Bier.

Wer es gerne röstig mag, dem steht eine große Anzahl an verschiedenen Röstmalzen zu Verfügung. Diese Art von Spezialmalzen findet insbesondere bei Altbieren, Porterbieren oder Stouts Verwendung. Die durch Röstmalze erzeugten Aromen erinnern oft an Kaffee, manchmal auch an Schokolade oder Lakritz. Der Schüttungsanteil liegt bei Röstmalzen zumeist nur

INFO SELBST RÖSTEN

Bei diesen geringen Mengen an Röstmalz bietet es sich sogar an, selbst Röstmalz herzustellen: Einfach 150 g Münchner Malz im heimischen Backofen bei 220 °C so lange rösten, bis die Farbe des Malzes der von gerösteten Kaffeebohnen gleicht. Auch bei diesem Projekt ist – wie so oft bei der Craftbierherstellung – Geduld gefragt.

bei 1 bis 5 %, weil ein höherer Anteil den Gesamtgeschmack des Bieres zu sehr beeinflussen würde.

Rauchmalz kann sowohl als Basismalz als auch als Spezialmalz verbraut werden. Es ist sehr aromatisch und gibt dem Bier eine ausgeprägte Rauchnote, die an Schwarzwälder Schinken oder an einen Abend am Lagerfeuer erinnert. Gerade in Franken genießt man mit Rauchmalz gebraute Biere besonders gerne. Bei der Herstellung wird fertiges Basisgerstenmalz wie Pilsener oder Wiener Malz über Buchenholz geräuchert. Aber Vorsicht bei der Verwendung: Rauchige Biere sind nicht jedermanns Sache.

Oft wünscht man sich als Heimbrauer, ein Bier mit einem schönen Rotstich brauen zu können. Doch allein mit den klassischen Basismalzen ist es unmöglich, dieses Vorhaben in die Tat umzusetzen. Es gibt eine Reihe von Karamellmalzen, die eine rote Farbe versprechen.

Die Ergebnisse sind aber nur selten zufriedenstellend. Die beste Chance auf ein rötliches Bier bietet Melanoidinmalz. Melanoidine bringen den typischen Malzgeschmack mit und sind im gleichnamigen Malz in hoher Zahl vorhanden. Für ein Bier mit einem Rotton empfehle ich dir, einen Schüttungsanteil von 5 bis 20 % zu verwenden.

Das Weizenmalz

Die Braugerste ist nicht das einzige Getreide, das sich zum Vermälzen eignet. Auch andere Sorten wie Roggen, Dinkel, Emmer oder Einkorn sind nachgefragt und werden von großen Mälzereien verarbeitet. Die bekannteste alternative Getreidesorte ist aber sicherlich der Weizen. Ursprünglich galt er als Brotgetreide. Anfang des 16. Jahrhunderts wurde der Weizen aber auch vermehrt in der Bierproduktion eingesetzt. Insbesondere in Bayern erlangte er große Beliebtheit. So große sogar, dass sich Bayernherzog Wilhelm IV. im Jahr 1516 Sorgen machen musste, sein Volk noch ernähren zu können. Die Menschen verbrauten ihr Brotgetreide nämlich lieber, als daraus etwas zu backen.

So entstand das berühmte Bayerische Reinheitsgebot, das in seiner Urform ausschließlich die Verwendung von Gerste beim Brauen erlaubte. Da Wilhelm aber auch ein großer Genießer und Freund des Weizenbieres war, schrieb er ins Kleingedruckte, dass das Gebot nur auf dem Lande, in allen Städten und Märkten gelten solle. An seinem Hof wurde weiterhin das spritzige und erfrischende Weizenbier gebraut. Und was er nicht selbst trank, verkaufte er an sein Volk. So schuf er sich damals also selbst sein kleines Weizenbiermonopol. Wilhelm, dieser Fuchs.

HOPFEN

Wenn Malz der Körper des Bieres ist, dann ist Hopfen die Seele. Weit über 200 verschiedene Hopfensorten werden mittlerweile in mehr als 50 Ländern angebaut. Je nach Region und Witterung variieren Aroma und Alphasäuregehalt der jeweiligen Sorte. Jeder Hopfenjahrgang bringt einen anderen Geschmack ins Bier und verleiht ihm einen besonderen Charakter.

Böse Zungen behaupten, Hopfen sei doch Unkraut. Er wuchere schließlich an jeder Ecke, sogar im eigenen Garten und habe doch keinen Nutzen. Das dachte man bis zum 8. Jahrhundert nahezu überall, doch dann wurde der Hopfen erstmals als Gewürz beim Bierbrauen verwendet. Und siehe da: Das Bier war angenehm bitter, hatte bemerkenswerte Aromen und war vor allem länger haltbar.

Dank der konservierenden Wirkung des Hopfens wurde das Bier plötzlich zur Handelsware. Nun konnte man es auch über längere Zeit von Stadt zu Stadt transportieren, ohne dass es verdarb. Nach dieser bahnbrechenden Entdeckung trat das Bier in Europa seinen Siegeszug an: Zu Zeiten der Hanse hatte eine Großstadt wie Hamburg über 500 private Brauereien. Mit großen Koggen wurden die Bierfässer nach Flandern, Holland, nach Skandinavien und sogar ins Baltikum verschifft.

Heute ist ein Bier ohne Hopfen gebraut kaum noch vorstellbar. Wenn im Mittelalter einmal im Monat am heimischen Herd gebraut wurde, dann kamen allerlei Gewürze und Kräuter ins Bier. Dann ging die Dame des Hauses, denn Brauen war Frauensache, raus in die Natur und sammelte, was gut roch und gut schmeckte: Rosmarin, Wacholder, Porst oder Gagel kamen oft ins sogenannte Grutbier. Nicht selten landete auch mal eine giftige Beere im Topf und sorgte bei den Konsumenten wenig später für düstere Halluzinationen. Dann war es um die kreative Rezeptentwicklerin meistens nicht gut bestellt, denn auf eine Brauhexe wartete nur noch der Scheiterhaufen. Es hat also wahrlich sein Gutes, dass sich die Mönche im 8. Jahrhundert mit dem Thema Hopfen intensiv befassten und unser Wissenstand nun ein anderer ist.

Hopfenextrakt, Dolden oder Pellets?

Vermutlich ist es dir auch schon aufgefallen: Auf Kaufbierflaschen taucht zumeist in der Zutatenliste nicht allein Hopfen, sondern sehr oft der Begriff Hopfenextrakt auf. Das ist eines von drei Hopfenprodukten, die bei der Bierherstellung eingesetzt werden können. Bei Heimbrauern ist die Verwendung von Extrakten allerdings nicht sehr beliebt. Ihre Herstellung ist nur industriell möglich. Allein dieser Punkt schreckt viele kreative Brauer und Craftbierfreunde ab.

Viel natürlicher ist der Gebrauch des Hopfens in seiner klassischen Doldenform. Dolden sind die Ähren der weiblichen Hopfenpflanze. Darin enthalten ist das wertvolle gelblich pulvrige Lupulin, das für die Bitterstoffe im Bier sorgt. Die ebenfalls enthaltenen ätherischen Öle wirken im fertigen Bier außergewöhnlich aromatisch. Lediglich im angelsächsischen Raum werden auch männliche Pflanzen gezüchtet. Da allerdings die männlichen Blüten einen hohen Fettgehalt aufweisen, der die Schaumbildung beeinflussen kann, wird anderenorts auf den Anbau männlichen Hopfens verzichtet.

So natürlich die Dolden auch sind, bringen sie doch einen großen Nachteil mit sich: Dolden nehmen ein großes Volumen ein. Beim Würzekochen bräuchte der Heimbrauer einen weitaus größeren Topf als den Standardeinkochautomaten, wenn er ausschließlich mit Hopfendolden brauen würde.

Die praktischste Variante für die Hopfung des eigenen Craftbiers stellen Hopfenpellets dar. Pellets sind gesäuberte und gemahlene Dolden, die anschließend in kleine zylindrische Einheiten gepresst werden. Sie nehmen ein weitaus geringeres Volumen im Topf ein und sind zudem auch besser zu lagern. Die verkleinerte Oberfläche macht den Hopfen weniger anfällig für Oxidation. Wenn Hopfen zu lange Sauerstoff ausgesetzt ist, riecht er schnell käsig und wird unbrauchbar.

INFO LAGERUNG VON HOPFENPELLETS

Wenn du für einen Brauvorgang nicht alle Pellets aus dem gelieferten Beutel verwendest, verschließe ihn schnell wieder mit einem Clip und friere den Hopfen ein. Dann wirst du auch noch Wochen später Spaß an den Pellets haben. Noch hilfreicher ist es, wenn du ein Gerät zum Vakuumieren nutzen kannst.

Hopfenanbaugebiete

Hopfen wächst zwar überall, es gibt dennoch Regionen, in denen er sich am besten entwickeln kann. Zum Wachsen benötigt er eine gute Mischung aus Sonne und Regen. In unseren Breitengeraden gefällt es ihm schon seit vielen Jahrzehnten anscheinend sehr gut, denn Deutschland gehört neben Tschechien und den USA zu den weltweit führenden Hopfenanbaunationen.

Auch wenn mittlerweile selbst auf Sylt Hopfen gezüchtet wird, befinden sich die größten Hopfenanbaugebiete in Deutschlands Süden. Zuallererst ist die Hallertau in Niederbayern mit ihren über 14 000 Hektar Gesamtfläche und ihren fast 1000 Hopfenbauern zu nennen. Wer im August oder September, kurz vor der Ernte, auf der A9 Richtung München unterwegs ist, wird einen guten Blick auf die mächtigen Felder links und rechts der Autobahn werfen können: Beachtliche 6 bis 8 Meter können Hopfenpflanzen messen.

In Tettnang am Bodensee werden gut 1200 Hektar von ungefähr 130 Bauern bepflanzt. Auf ebenso viel Anbaufläche kommt die Region Elbe-Saale, die sich allerdings nur 30 Hopfenpflanzer unter sich aufteilen. Nicht unerwähnt darf auch die Region Spalt in Mittelfranken bleiben, selbst wenn hier nur auf 350 Hektar von 150 Bauern Hopfen angebaut und geerntet wird. Der aus der Fernsehwerbung bekannte Siegelhopfen einer größeren Privatbrauerei wird in der Region Bitburg übrigens auf gut 20 Hektar angebaut.

Deutschlands ärgster Konkurrent auf dem Markt sind die USA. Es wird nicht mehr lange dauern, bis die Vereinigten Staaten Deutschland flächenmäßig übertrumpfen werden. Das Mekka aller Hopheads ist das Yakima Valley, das sich über die nordwestlichen Bundesstaaten Washington und Oregon erstreckt. Hier werden fast drei Viertel des gesamten amerikanischen Hopfens angebaut.

Hopfensorten und deren Eigenschaften

Wenn international von deutschen oder europäischen Hopfensorten gesprochen wird, dann ist meist von „Noble Hops" die Rede. Gemeint sind vor allem die Hopfensorten, die wenig Bittere und viel Aroma mitbringen. Dazu zählen der beliebte kräuterig anmutende Tettnanger Hopfen, der natürlich vorrangig in der namensgleichen Region angebaut wird. Hallertauer Mittelfrüh und Tradition sind zwei weitere Sorten, die mit ihren kräuterig-blumigen Noten zu den „Noble Hops" zu zählen sind. Die würzige Hopfensorte Perle darf auch nicht unterschlagen werden. Sie ist mit keiner bestimmten Region in Deutschland eng verbunden, wird also in mehreren Gebieten angebaut. Diese milden und eleganten Hopfen finden sich oft in Lagerbieren wie Pils und Export, aber auch in Altbier, Kölsch und Weizen wieder.

Neben den aromatischen Sorten werden in Deutschland aber auch in großer Menge Bitterhopfen angepflanzt. Ihre Namen klingen stets kräftig: Herkules, Taurus oder Magnum. Sie besitzen nur einen geringen Ölanteil, haben dafür jedoch einen sehr hohen Alphasäuregehalt, sodass nur wenig Hopfen nötig ist, um den gewünschten Bitterwert zu erreichen.

In den USA, insbesondere in den Bundesstaaten Washington, Oregon und Idaho, werden vor allem Aromahopfensorten

INFO DER EIGENE ANBAU

Für den Heimbrauer gibt es eine kleinere Variante der Hopfenpflanze für den heimischen Garten: Gimli heißt der Zwergenhopfen, der „nur" bis auf 2 m heranwächst. Seine Dolden sollten für zwei bis drei Sude im Jahr reichen.

angebaut, die fruchtige und exotische Aromen ins Bier bringen. Der bekannteste aller amerikanischen „Flavour Hops“ ist sicherlich der Cascade-Hopfen. Wie viele andere entstammt er einer Kreuzung aus klassischen alten und neuen wilden Hopfensorten. Das Ergebnis erinnerte an einen Obstkorb mit vielen Zitrusfrüchten, allen voran Grapefruit.

Schon in den 1980er-Jahren setzten amerikanische Craftbierbrauereien wie Anchor Brewing mit dem Liberty Ale oder Sierra Nevada auf die fruchtige Neuzüchtung. Ken Grossman, Gründer der Sierra Nevada Brewing Company, verwendete damals für sein Pale Ale an klassischen Hopfen Magnum und Perle aus Deutschland. Die dritte Hopfensorte Cascade machte das Bier aber erst vollkommen und verlieh ihm einen besonders fruchtigen Kick. Dass seine Brauerei heute die siebtgrößte in den Vereinigten Staaten ist, hat er zu einem gewissen Teil auch seinem sensationellen Pale Ale mit Cascade zu verdanken, das bis heute nach derselben Rezeptur gebraut wird und über die Jahre mit vielen Preisen ausgezeichnet wurde. Cascade gehört mittlerweile sogar zu den Hopfensorten, die in vielen Anbaugebieten weltweit angebaut werden. Darüber hinaus sind aber auch noch Centennial, Columbus oder Chinook zu nennen. Besonders beliebt ist zurzeit auch Citra. Die sogenannten C-Hopfen bringen viele Zitrusaromen mit und finden sich vermehrt in India Pale Ales wieder. Amarillo schließt sich dem an, bringt aber auch florale Noten mit. Simcoe, ein weiterer beliebter Hopfen aus den Staaten, erinnert vom Geruch her an Maracuja und sorgt für ein harziges Aroma im fertigen Bier.

Ganz gleich ob Bitter- oder Aromahopfen, schlussendlich entscheidet der Alphasäure- und der Ölgehalt, in welcher Form ein Hopfen im Brauprozess eingesetzt wird. Es gibt auch einige Hopfensorten mit einem hohen Gehalt an ätherischen Ölen, die zusätzlich auch einen hohen Alphasäuregehalt vorweisen können. So zum Beispiel eine recht neue deutsche Hopfenzüchtung namens Polaris, der mit gut 17 % Alphasäure sehr effizient bittert, aber auch ausgefallene Aromen mitbringt, die an Minze und Gletschereisbonbon erinnern. In den Staaten finden sich sogar noch eine Menge mehr Hochalphasäure-Hopfen, die als Alleskönner bei Craftbierbrauern sehr beliebt sind.

Auf den folgenden Seiten sind die weltweit geläufigsten Hopfensorten mit ihren wichtigsten Aromaeigenschaften aufgeführt. Die Übersicht sollte dir vor allem bei der eigenen Rezeptentwicklung von Nutzen sein. Auch die Alphasäure ist in den Tabellen jeweils vermerkt. Da diese jedoch von Jahr zu Jahr sehr schwanken kann, ist nur ein ungefährer Wert angegeben. Außerdem findest du in den Listen die Bierstile aus der Rezeptsammlung (S. 88), für welche die jeweilige Hopfensorte besonders zu empfehlen ist.

Bitterhopfen aus Deutschland

Hopfensorte	Aroma	Alphasäure	Passende Bierstile
Herkules	Würzig, harzig	16 %	Alle Bierstile
Magnum	Harzig, kräuterig	13 %	Alle Bierstile
Merkur	Würzig, blumig	13 %	Alle Bierstile
Northern Brewer	Würzig, kräuterig	8 %	Alle Bierstile
Nugget	Würzig, harzig	11 %	Alle Bierstile
Polaris	Minze, Gletschereisbonbon	17 %	Pale Ale, IPA
Taurus	Kräftig würzig, fruchtig	13 %	Alle Bierstile

Aromahopfen aus Deutschland

Hopfensorte	Aroma	Alphasäure	Passende Bierstile
Brewers Gold	Würzig, schwarze Johannisbeere	7 %	Pale Ale, IPA, Altbier
Hallertauer Blanc	Blumig, Stachelbeere	8 %	Pale Ale, Witbier, Weizenbier
Hallertauer Cascade	Kräuterig, Grapefruit	6 %	Pale Ale, IPA, Sour Ale
Hallertauer Comet	Blaubeere, Zitrusfrucht	8 %	Pale Ale, IPA, Sour Ale
Hallertauer Mittelfrüh	Kräuterig, blumig	3 %	Golden Ale, Altbier, Weizenbier, Witbier
Hallertauer Tradition	Blumig, grasig, kräuterig	5 %	Golden Ale, Weizenbier, Witbier
Hersbrucker Spät	Kräuterig	3 %	Dubbel, Golden Ale, Weizenbier, Witbier
Huell Melon	Erdbeer, Honigmelone	6 %	Weizenbier, Pale Ale, Golden Ale,
Mandarina Bavaria	Süßlich, Mandarine	8 %	Weizenbier, Pale Ale, Golden Ale,
Opal	Würzig, Zitrusfrucht	6 %	Weizenbier, Pale Ale, Golden Ale,
Perle	Würzig, Orange	5 %	Dubbel, Golden Ale, Altbier, Porter, Stout, Witbier
Saphir	Blumig, fruchtig	3 %	Dubbel, Golden Ale, Witbier
Smaragd	Fruchtig, würzig	4 %	Dubbel, Golden Ale, Weizenbier
Spalter Select	Erdig, blumig	4 %	Golden Ale, Altbier
Spalt Spalter	Grasig, blumig	4 %	Golden Ale, Altbier
Tettnanger	Erdig, kräuterig	4 %	Golden Ale, Altbier

Hopfen aus Tschechien

Hopfensorte	Aroma	Alphasäure	Passende Bierstile
Kazbek	Zitrus, würzig	6 %	Golden Ale, Pale Ale, IPA
Premiant	Kräuterig, erdig	9 %	Golden Ale, Dubbel
Saazer	Blumig, kräuterig	3 %	Golden Ale

Hopfen aus England

Hopfensorte	Aroma	Alphasäure	Passende Bierstile
Admiral	Harzig, zitrus	13 %	IPA, Porter, Stout
Bramling Cross	Würzig, Johannisbeere	5 %	Pale Ale, Porter, Stout
Challenger	Würzig, Grüner Tee	6 %	Porter, Stout
East Kent Golding	Erdig, würzig	5 %	Pale Ale, Porter, Stout
Fuggels	Grasig, erdig	4 %	Pale Ale, Porter, Stout
Golding	Honig, würzig	5 %	Pale Ale
Target	Pinie, Lakritz	9 %	IPA, Porter, Stout

Aromahopfen aus den USA

Hopfensorte	Aroma	Alphasäure	Passende Bierstile
Amarillo	Zitrus, blumig	8 %	Golden Ale, Pale Ale, IPA, Sour Ale, Weizenbier
Cascade	Grapefruit, Litschi	6 %	Golden Ale, Pale Ale, IPA, Sour Ale
Centennial	Zitrus, kräuterig	9 %	Golden Ale, Pale Ale, IPA, Sour Ale
Chinook	Zitrus, Pinie	10 %	Pale Ale, IPA
Citra	Zitrus, tropische Früchte	12 %	Golden Ale, Pale Ale, IPA, Sour Ale, Weizenbier
Columbus	Zitrus, harzig	15 %	IPA
Comet	Zitrus	8 %	Golden Ale, Pale Ale, IPA, Sour Ale
El Dorado	Tropische Früchte	14 %	Pale Ale, IPA
Ekuanot	Wassermelone, grüne Paprika	13 %	Pale Ale, IPA
Falconer's Flight (Hopfenmischung)	Tropische Früchte, Grapefruit	11 %	Pale Ale, IPA
Mosaic	Tropische Früchte, blumig	11 %	Golden Ale, Pale Ale, IPA
Simcoe	Maracuja, harzig, Kiefer	13 %	Pale Ale, IPA
Sorachi Ace	Zitrus, Kokos	13 %	Pale Ale, IPA
Summit	Zitrus, Grapefruit	16 %	Pale Ale, IPA
Willamette	Würzig, schwarze Johannisbeere	4 %	Pale Ale, IPA, Altbier
Zeus	Würzig, Zitrus	12 %	Pale Ale, IPA

Hopfen aus Australien

Hopfensorte	Aroma	Alphasäure	Passende Bierstile
Ella	Tropische Früchte	15 %	Pale Ale, IPA
Galaxy	Maracuja, Zitrus	13 %	Pale Ale, IPA
Summer	Aprikose	5 %	Golden Ale, Pale Ale, IPA
Topaz	Fruchtig, erdig	16 %	Pale Ale, IPA
Vic Secret	Ananas, Passionsfrucht	16 %	Pale Ale, IPA

Hopfen aus Neuseeland

Hopfensorte	Aroma	Alphasäure	Passende Bierstile
Dr. Rudi	Zitrus, grasig	12 %	Pale Ale, IPA
Motueka	Zitrus, blumig	7 %	Golden Ale, Pale Ale, IPA
Nelson Sauvin	Stachelbeere, Grapefruit	11 %	Golden Ale, Pale Ale, IPA
Pacific Gem	Brombeere, Pinie	14 %	IPA, Porter, Stout
Pacific Jade	Zitrus, kräuterig	14 %	IPA, Porter, Stout

Die Dosierung des Hopfens

Alphasäuregehalt	Erste Hopfengabe	Zweite Hopfengabe
1 bis 2,9 %	73 g	93 g
3 bis 4,9 %	36 g	47 g
5 bis 6,9 %	24 g	31 g
7 bis 8,9 %	18 g	23 g
9 bis 10,9 %	14 g	18 g
11 bis 12,9 %	12 g	15 g
13 bis 14,9 %	10 g	13 g
15 bis 16,9 %	9 g	11 g
17 bis 18,9 %	8 g	10 g

Mithilfe der Tabelle kannst du die Mengen für die beide Hopfengaben in der Brauanleitung bestimmen. Die Werte sind Mittelwerte und dürften für einen Bitterwert zwischen 28 und 32 IBU sorgen.

Wenn du die Hopfengaben genauer bestimmen oder sogar für ein anderes Rezept einen völlig anderen Bitterwert berechnen möchtest, bietet wie so oft das Internet eine gute Möglichkeit: *https://brauerei.mueggelland.de/hopfenausnutzung.html*.

Trage ins Formular eine Nachlaufzeit von 15 Minuten ein. Diese Zeit gibt an, wie lange der Hopfen nach Kochende noch in der heißen Würze liegt, bevor in den Gärbottich umgefüllt wird. In dieser Phase lösen sich noch eine Menge Bitterstoffe, daher ist die Nachlaufzeit für die Berechnung der Hopfenmenge von Relevanz.

Bier wird natürlich nicht immer nur mit einem Hopfen gebraut. Du kannst mehrere Sorten kombinieren und deinem Craftbier so ein besonderes Geschmacksprofil verpassen. Die Tabellen mit der Übersicht über die gängigsten Hopfensorten (ab Seite 74) liefern einen guten Überblick über die Aromenvielfalt in der Welt des Hopfens.

Kalthopfung / Hopfenstopfen

Mein erstes handwerklich gebrautes Bier werde ich nie vergessen: Es war ein herrlicher Sommerabend. Der Tag zuvor im Büro war lang und anstrengend. Umso größer war die Vorfreude darauf, seinen Abend unter Freunden bei einem richtig guten Bier ausklingen zu lassen. Ich hatte mir in der Mittagspause ein sogenanntes Craftbier aus den Staaten gekauft. Ein India Pale Ale. Ich müsste das unbedingt mal probieren. Ab ins Glas damit und dann ... roch's irgendwie nach Grapefruit und Zitrone. Es erinnerte mich an Radler, aber es war überhaupt nicht so pappsüß wie ein Biermischgetränk.

Dieses Bier hatte mich sofort gepackt. Wie ging das? Wie konnte man so irre Aromen in ein Bier bekommen? Damals war ich noch kein Heimbrauer, aber dieses India Pale Ale mit seiner intensiven Zitrusnote war ein guter Grund dafür, sich mit dem Thema Bierherstellung näher auseinanderzusetzen.

Heute stopfe ich immer mal wieder selbstgebraute Biere, wenn ich Lust auf diese fruchtigen Aromen in der Nase habe. Der Begriff **Hopfenstopfen** ist unter Brauern sehr geläufig. Wenn man sich etwas professioneller ausdrücken möchte, spricht man von **Kalthopfung**. Der Amerikaner nennt es „dry hopping". Bei diesem Prozess wird Hopfen mit einem hohen Aromaölanteil nach der Hauptgärung für eine kurze Zeit ins Gärgefäß gegeben und erzeugt ebendiese sensationellen Noten im Bier. Früher stopfte man die Fässer mit Dolden zu, um ihre antibakterielle Wirkung auszunutzen und das Bier keimfrei zu halten. Heute dient die Kalthopfung vorrangig dem Geschmack.

Um den Prozess der Kalthopfung zu verstehen, müssen wir nochmal beim **Würzekochen** ansetzen: Das Kochen des Hopfens bewirkt, dass sich seine Bitterstoffe in der Würze lösen. Der Fachmann nennt diesen Vorgang **Isomerisierung**. Und selbst nach Kochende, wenn der Whirlpool mit der zweiten Hopfengabe angedreht wird, gibt der Hopfen noch Bittere ab. Die Würze kühlt in dieser Phase herunter. Bereits ab ungefähr 90 °C wird nur noch wenig nachisomerisiert, dafür werden nun zu großen Teilen die ätherische Öle des Hopfens in die Würze abgegeben, die sich während des Kochvorgangs verflüchtigen würden. Am besten lassen sich diese Öle allerdings in Alkohol extrahieren. Daher wartet man bei der Kalthopfung, bis das Bier durch die Gärung ist und gibt erst dann den Hopfen hinzu. Auf die Frage, wie lange der Hopfen im Bier „schwimmen" darf, gibt es keine eindeutige Antwort. Einige Brauer behaupten, dass sich nach 5 Tagen kaum noch Hopfenöle lösen. Andere schwören auf 10 Tage. Wiederum

andere geben alle 3 Tage neuen Hopfen hinzu. Ich bin auch der Meinung, dass nach 5 Tagen nicht mehr viel passiert. Wenn ich allerdings keine Zeit zum Abfüllen finde, können es auch schon mal 10 Tage Kalthopfung werden. Das tut dem Bier nicht weh.

Viel wichtiger ist die **Dosierung**. Einige Hopfenhändler geben auf ihrer Webseite den Gesamtölgehalt des Hopfens an. Der ist ausschlaggebend dafür, wie viel Hopfen fürs Stopfen verwendet werden sollte. Bei einem Gesamtölgehalt von 1,5 bis 2 ml pro 100 g reichen oft schon 2,5 g Hopfen pro Liter Jungbier. Bei 20 Litern wären es also 50 g. Die amerikanische Sorte Citra hat einen Ölgehalt von 2,5 ml pro 100 g. Mehr als 2 g pro Liter wären hier schon des Guten zu viel. Bei einem Ölgehalt von weniger als 1,5 ml pro 100 g kann man schon mal großzügiger sein. Am Ende musst du allerdings sowieso durchs Ausprobieren herausfinden, wie intensiv kaltgehopft du deine Biere magst.

Nun aber zum Wesentlichen: Die Kalthopfung kann man prinzipiell für jeden Biertyp anwenden. Am besten funktioniert das Hopfenstopfen aber mit Bierstilen wie Pale Ale, India Pale Ale oder Weizenbier. Für alle drei aufgeführten Bierstile findest du in diesem Buch ab Seite 88 Rezepte. An Material benötigst du ein paar Murmeln und ein Hopfensäckchen, welches du online bei den Händlern für Brauzubehör bestellen kannst.

Wenn der Hopfen, am besten in Pellets, bestellt und das Bier durch die Gärung ist, kann es losgehen. Übergieße die Murmeln und das Säckchen zunächst mit kochendem Wasser, damit du sichergehen kannst, dass sich keine bösen Keime in dein Jungbier einschleichen. Anschließend befüllst du das Säckchen mit den Murmeln und der abgewogenen Menge an Hopfen. Wenn du eine große Menge Hopfen, also mehr als 100 g, verwenden möchtest, nimm lieber noch ein zweites Hopfensäckchen dazu. Binde das Säckchen anschließend zu und lasse es langsam ins Jungbier gleiten. Die Murmeln werden dafür sorgen, dass der Hopfen nicht die gesamte Zeit auf der Oberfläche liegt und sich das Aroma so gut im Bier verteilen kann.

Nach 5 Tagen kannst du das Säckchen mit einem sauberen Sieblöffel wieder aus dem Gärbottich fischen und das kaltgehopfte Bier in Flaschen abfüllen. Umrühren musst und solltest du danach nicht mehr, weil du sonst den Bodensatz, die Hefe, wieder aufwirbelst. Und große Mengen an Hefe will schließlich niemand in der Flasche haben.

HEFE

Beim Bierbrauen kommt man schlecht ohne sie aus. Saccharomyces cerevisiae heißt sie wissenschaftlich, bekannter für unsere Ohren klingt aber ihr deutscher Name: Die Rede ist natürlich von der Hefe. Erst mit ihr wird aus der Würze ein Bier.

Die Bierhefe ist eine Zuckerhefe. Dabei handelt es sich um einen Pilz, der gerne Zucker frisst. Wenn die Bierhefe im Gärbottich ausreichend Zucker vorfindet, es angenehm warm ist und sie sich richtig wohl fühlt, dann knabbert sie den Zucker weg, vermehrt sich und lässt Alkohol und Kohlensäure als Stoffwechselprodukte zurück. Erst dann wird aus der Würze auch ein Bier. Aber nicht alle Bierhefen sind gleich. Sie lassen sich grob in zwei große Gruppen einteilen: Obergärige und untergärige Hefen.

LALLEMAND
NOTTINGHAM
ALE YEAST
LEVURE ALE
LEVADURA ALE
Saccharomyces cerevisiae
DANSTAR
Safale S-04
DRY ALE YEAST
FERMENTIS
Safale US-05
DRY ALE YEAST
FERMENTIS

Der Unterschied zwischen ober- und untergärig

Dass obergärige Hefen für gewöhnlich bei höheren Temperaturen, also Zimmertemperatur, vergären, ist eine prima Eselsbrücke und auch weitläufig bekannt. „Ober-“ hat aber eigentlich nichts mit der höheren Temperatur zu tun. Vielmehr geht es darum, wo sich die Hefe während des Gärprozesses im Tank oder Bottich aufhält. In diesem Fall oben – an der Oberfläche.

Wenn die Hefe den Zucker verstoffwechselt, beginnt sie sich zu vermehren. Bei den obergärigen Hefen entstehen dann lange Ketten, sogenannte Sprossverbände, die von ihrem eigenen Stoffwechselprodukt, der Kohlensäure, nach oben befördert werden. Die obergärige Hefe taucht also an der Oberfläche auf und bildet die Kräusen. Wenn die Gärung beendet ist, hat sich ein Großteil der Kohlensäure verflüchtigt und die Hefe fällt zu Boden.

Neben den obergärigen gibt es aber auch noch die untergärigen Hefen, die ebenfalls bei Zimmertemperatur ihren Job verrichten können. Dafür hat man sie damals aber nicht gezüchtet. Der Hefepilz *Saccharomyces carlsbergensis* entstammt der dänischen Carlsberg-Brauerei und vermehrt sich in der Würze selbstverständlich auch. Nur kann er keine Sprossverbände bilden und setzt sich schneller am Boden ab. Was die untergärige Hefe aber so beliebt macht, ist die Tatsache, dass sie auch bei niedrigen Temperaturen eingesetzt werden kann und dann sehr viel „gründlicher“ arbeitet als ihr obergäriger Bruder.

Bei obergärigen Hefen entstehen neben Alkohol und Kohlensäure auch noch eine Menge weiterer Gärnebenprodukte, die Geschmack, Geruch und Farbe des Bieres beeinflussen. Das sind verschiedene Ester oder auch Fuselalkohole, die man eigentlich gar nicht im Bier haben möchte. Letztgenannte machen nämlich einen schweren Kopf am nächsten Morgen.

Das passiert untergärigen Hefen nicht: Durch die niedrige Temperatur sind sie zwar etwas träger, verstoffwechseln den Zucker also langsamer, erzeugen dabei aber weitaus weniger Gärnebenprodukte. Ein schlankes, erfrischendes Pils ist das beste Beispiel für ein untergäriges Bier. Es hat eine klare Struktur und von der Hefe schmeckt man kaum etwas. Das Pendant dazu ist das Weizenbier. Es erfrischt zwar auch, bringt dafür aber deutliche erkennbare Aromen von Nelke und Hefe mit, die Gärnebenprodukte der obergärigen Hefe sind.

Warum braue ich dann kein Pils, fragst du dich jetzt? Nun, die untergärigen Hefen sind nicht ansatzweise so pflegeleicht wie die obergärigen. Wenn du eine untergärige Hefe verwenden und ein Pils herstellen möchtest, benötigst du eine Kühlmöglichkeit, die die von der Hefe gewünschte Temperatur ohne Schwankungen dauerhaft halten kann. Nur dann arbeitet sie so sauber wie gewünscht. Also fällt die Option Balkon im Herbst oder Winter aus. Aber auch im Keller ist die Temperatur nicht immer gleichbleibend. Es geht also nichts ohne einen zusätzlichen Kühlschrank.

Es gibt unter den obergärigen Vertretern auch Hefen, die für mehr als einen Bierstil geeignet sind, weil sie sehr wenig Ester bilden und fast ein untergäriges Biererlebnis simulieren können. Ein Beispiel hierfür ist die Danstar Nottingham. Auf der anderen Seite finden sich unter den obergärigen natürlich auch solche Hefen, die dem Bier ihren Stempel vollends aufdrücken. Bei Weizenbieren ist das ja sogar meist erwünscht.

Für welche obergärige Hefe du dich entscheidest, bleibt dir überlassen. In unserer Rezeptsammlung ab Seite 88 findest du einige zu den Bierstilen passende und empfohlene Hefen, die selbstverständlich bei den einschlägigen Heimbraubedarfshops im Internet käuflich zu erwerben sind.

INFO AM ANFANG LIEBER OBERGÄRIG

Für Heim- und Hobbybrauer, insbesondere für Einsteiger, sind daher obergärige Biere deutlich einfacher herzustellen. Und mit den richtigen intensiven Aromahopfensorten gepaart fällt die geschmackliche Beeinflussung durch die Gärnebenprodukte der Hefe im fertigen Bier kaum ins Gewicht.

SILVER MEDAL
FRUITY
BOTTLED BY
97365 USA
AND MAY
PROBLEMS
CASH REFUND

Craftbier REZEPTE

Wenn du dich sicher genug fühlst und mal ein paar Craftbierstile nachbrauen möchtest, findest du auf den nächsten Seiten einige Rezepte, die auch auf 20 Liter Bier ausgelegt sind. Diese sind ebenfalls sehr einfach gehalten und mithilfe der Brauanleitung problemlos nachzubrauen.

ZEIT ZUM AUSPROBIEREN

Um einen der aufgelisteten Craftbierstile brauen zu können, musst du lediglich die Basiszutaten für das Pale Ale durch die im Rezept aufgeführten neuen Zutaten austauschen. Am Ablauf des Brauens selbst ändert sich nichts. Du kannst also auch bei diesen Bierstilen die Anleitung Schritt für Schritt, vom Einmaischen bis zur Nachgärung, durcharbeiten und dich später über ein besonderes Selbstgebrautes freuen.

Im Gegensatz zu den aufgeführten Malz- und Hefesorten in den Rezepten, sind die ausgesuchten Hopfensorten nur als Beispiele zu verstehen. Du kannst sie nach deinem Geschmack anpassen und nach Alternativen in den Tabellen mit den gängigsten Hopfensorten (S. 74) suchen. Falls du also eine Sorte nicht bekommen kannst, macht es gar nichts, wenn du dich für eine andere entscheidest.

Beachte, dass die Alphasäurewerte der Hopfensorten je nach Herkunft und Jahrgang variieren können. Die in den Rezepten angegebenen sind nur ungefähre Werte. Die korrekten Hopfenmengen für den von dir ausgesuchten Hopfen mit dem entsprechenden Alphasäurewert musst du also vorab mit einem Rechner ermitteln, den du beispielsweise hier im Netz findest:

https://brauerei.mueggelland.de/hopfenausnutzung.html

PALE ALE

[13 °PLATO, 5,5 % ALKOHOL, 30 IBU]

Das klassische Pale Ale stammt aus England, hat aber längst auch in den USA Kultstatus erreicht. Während die Brauer von der Insel traditionell ihre erdigen und würzigen Hopfensorten im Pale Ale verbrauen, greifen die Amerikaner lieber auf ihre fruchtigen Hopfenoptionen zurück. Dieses Rezept bietet die Möglichkeit, beide Arten nachzubrauen.

Schüttung:

5000 g Wiener Malz
500 g Helles Karamellmalz

HAUPTGUSS: 18 Liter
NACHGUSS: 12 Liter

Maischen:

Wasser bei	74 °C
Maische bei	66/67 °C

Hopfen:

US-VERSION

24 g Cascade (6 % Alphasäure) zur Vorderwürze (70 Minuten Kochzeit)
31 g Cascade (6 % Alphasäure) bei Kochende (0 Minuten Kochzeit)

ENGLISCHE VERSION

29 g Bramling Cross (5 % Alphasäure) zur Vorderwürze (70 Minuten Kochzeit)
37 g Bramling Cross (5 % Alphasäure) bei Kochende (0 Minuten Kochzeit)

Hefe:

US-VERSION

Fermentis US-05

ENGLISCHE VERSION

Danstar Nottingham

KALTHOPFUNG NACH DER GÄRUNG (optional):

US-VERSION

40 g Cascade für 5 Tage

ENGLISCHE VERSION

40 g Bramling Cross für 5 Tage

Mehr Infos zur Kalthopfung findest du ab Seite 80.

INDIA PALE ALE

[16 °PLATO, 7 % ALKOHOL, 60 IBU]

Das India Pale Ale (kurz: IPA) ist das Flaggschiff der Craftbierszene: Es ist besonders alkoholstark, hopfig-bitter und eckt an. Einst wurde es für die englischen Truppen in Indien gebraut, später in den Staaten von engagierten Heimbrauern weiterentwickelt. Insbesondere die amerikanischen IPAs riechen und schmecken oft sehr fruchtig, was auf die intensive Kalthopfung zurückzuführen ist.

Schüttung:

3500 g Pilsener Malz
2500 g Wiener Malz
700 g Münchner Malz
300 g Helles Karamellmalz

HAUPTGUSS: 18 Liter
NACHGUSS: 12 Liter

Maischen:

Wasser bei 76 °C
Maische bei 67 °C

Hopfen:

26 g Columbus (15 % Alphasäure) und
7 g Simcoe (13 % Alphasäure)
zur Vorderwürze (70 Minuten Kochzeit)

12 g Columbus (15 % Alphasäure),
14 g Simcoe (13 % Alphasäure) und
20 g Centennial (9 % Alphasäure) bei
Kochende (0 Minuten Kochzeit)

Hefe:

Fermentis US-05 oder
Danstar BRY-97

KALTHOPFUNG NACH DER GÄRUNG (optional):

30 g Columbus, 30 g Simcoe,
40 g Centennial für 5 Tage

Mehr Infos zur Kalthopfung findest du ab Seite 80.

PORTER

[13 °PLATO, 6 % ALKOHOL, 30 IBU]

Mit der industriellen Revolution entstanden in der zweiten Hälfte des 18. Jahrhunderts in England die dunklen Porterbiere, die die Arbeiter auch während ihres Schaffens sättigen und bei Laune halten sollten. Den Betuchteren braute man später ein kräftigeres Porter: das sogenannte Stout. Porters und Stouts bringen sehr auffällige Röstmalzaromen mit und sind auch heute noch sehr beliebte Biere im englischsprachigen Raum.

Schüttung:

3500 g Pilsener Malz
1500 g Münchner Malz
500 g Dunkles Karamellmalz
300 g dunkles Röstmalz

HAUPTGUSS: 16 Liter
NACHGUSS: 14 Liter

Maischen:

Wasser bei	75 °C
Maische bei	67 °C

Hopfen:

29 g East Kent Golding (5 % Alphasäure) zur Vorderwürze (70 Minuten Kochzeit)
37 g East Kent Golding (5 % Alphasäure) bei Kochende (0 Minuten Kochzeit)

Hefe:

Fermentis S-04

INFO FÜR DEN RAUCHIGEN GESCHMACK

Ersetze 500 g Pilsener Malz durch 500 g Rauchmalz. Das gibt dem Bier einen leicht rauchigen Geschmack, der ein wenig an geräucherten Schinken erinnert.

IMPERIAL STOUT

[16 °PLATO, 7 % ALKOHOL, 50 IBU]

Die russische Zarin Katharina die Große liebte das rabenschwarze englische Bier, das mit viel Röstmalz gebraut wurde. Für den Weg nach Russland musste das Bier haltbar gemacht werden. Deshalb wurde es sehr alkoholstark eingebraut. Das Imperial Stout ist ein klassisches Bier für den kalten Abend am Kamin: Es erinnert an schwarzen Kaffee, wärmt von innen und sollte nur sehr langsam und in kleinen Mengen genossen werden.

Schüttung:

4000 g Wiener Malz
2500 g Münchner Malz
500 g Dunkles Karamellmalz
300 g dunkles Röstmalz

HAUPTGUSS: 16 Liter
NACHGUSS: 14 Liter

Maischen:

Wasser bei 77 °C
Maische bei 68 °C

Hopfen:

30 g Admiral (13 % Alphasäure) zur Vorderwürze (70 Minuten Kochzeit)
31 g Challenger (6 % Alphasäure) bei Kochende (0 Minuten Kochzeit)

Hefe:

Fermentis S-04 oder
Danstar Nottingham

WITBIER

[11 °PLATO, 4,5 % ALKOHOL, 15 IBU]

Das belgische Witbier ist ein echter Reinheitsgebotsverbrecher: Koriandersaat und Orangenschalen sorgen für eine sommerliche Geschmacksexplosion. Da in unserem Nachbarland natürliche Rohstoffe wie Gewürze bei der Bierproduktion erlaubt sind, erfreut sich dieser Bierstil dort großer Beliebtheit. In den warmen Monaten ist das Weizenbier der Belgier eine herrlich leichte Erfrischung.

Schüttung:

2500 g Pilsener Malz
2000 g helles Weizenmalz

HAUPTGUSS: 18 Liter
NACHGUSS: 12 Liter

Maischen:

Wasser bei 75 °C
Maische bei 67 °C

Hopfen:

17 g Hallertauer Tradition
(5 % Alphasäure) zur Vorderwürze
(70 Minuten Kochzeit)
23 g Hallertauer Mittelfrüh
(3 % Alphasäure) bei Kochende
(0 Minuten Kochzeit)

Hefe:

Gozdawa Classic Belgian Witbier

AUSSERDEM:

20 g Koriandersaat (zerstoßen) und
25 g Orangenschale (unbehandelt),
am besten im geschlossenen Hopfensäckchen 10 Minuten mitkochen

DUBBEL

[15 °PLATO, 6,5 % ALKOHOL, 20 IBU]

Von 1919 bis 1983 war es in belgischen Bars verboten, Spirituosen zu verkaufen. Da der belgische Kneipengast aber gerne zu seinem Bier auch einen Schnaps trank, musste eine rasche Lösung her: Eine davon war das Dubbel, das klassischerweise doppelt vergoren wurde. Nach dem Ende der ersten Gärung gab man Kandis und frische Hefe hinzu und machte damit das Bier noch alkoholaromatischer. Typisch für ein Dubbel sind auch die süßlich-fruchtigen Hefearomen.

Schüttung:

3000 g Pilsener Malz
2500 g Münchner Malz
500 g Dunkles Karamellmalz

HAUPTGUSS: 18 Liter
NACHGUSS: 12 Liter

Maischen:

Wasser bei 76 °C
Maische bei 68 °C

Hopfen:

30 g Perle (5 % Alphasäure) zur Vorderwürze (70 Minuten Kochzeit)
24 g Hersbrucker Spät (3 % Alphasäure) bei Kochende (0 Minuten Kochzeit)

Hefe:

Danstar Abbaye Belgian Ale

AUSSERDEM:

500 g braunen Kandis für 45 Minuten mitkochen

GOLDEN ALE

[11 °PLATO, 4,5 % ALKOHOL, 20 IBU]

Das Golden Ale erinnert an Bier nach Kölner Brauart, ist jedoch unfiltriert und hopfenaromatischer. Es ist ein sommerlich leichter Trunk, der auf Partys, aber auch als Feierabendbierchen taugt. Das Ale ist außerdem ein Bierstil zum Ausprobieren: Je spannender das Aroma des Hopfens, desto aufregender schmeckt auch das Golden Ale.

Schüttung:

2500 g Pilsener Malz
2000 g helles Weizenmalz

HAUPTGUSS: 18 Liter
NACHGUSS: 12 Liter

Maischen:

Wasser bei 72 °C
Maische bei 66 °C

Hopfen:

16 g Opal (6 % Alphasäure) zur Vorderwürze (70 Minuten Kochzeit)
20 g Opal (6 % Alphasäure) bei Kochende (0 Minuten Kochzeit)

Hefe:

Fermentis S-33 oder
Danstar Nottingham

ALTBIER

[12 °PLATO, 5 % ALKOHOL, 30 IBU]

Oft spricht man bei obergärigen Brauerzeugnissen auch von Bieren, die nach „alter Brauart“ gebraut sind – oder schlichtweg von Altbier. Die Düsseldorfer Variante des Altbiers ist leicht röstaromatisch und kraftig gehopft. Was Hefe- und Hopfenauswahl betrifft, ist es vom Nachbarn und dessen Kölsch gar nicht so weit weg. Das darf man aber weder in Düsseldorf noch in Köln erwähnen.

Schüttung:

2500 g Pilsener Malz
1500 g Münchner Malz
500 g Weizenmalz
100 g Röstmalz

HAUPTGUSS: 18 Liter
NACHGUSS: 12 Liter

Maischen:

Wasser bei	73 °C
Maische bei	67 °C

Hopfen:

17 g Perle (5 % Alphasäure) und
21 g Spalter Select (4 % Alphasäure) zur Vorderwürze (70 Minuten Kochzeit)

14 g Perle (5 % Alphasäure) und
17 g Spalter Select (4 % Alphasäure) bei Kochende (0 Minuten Kochzeit)

Hefe:

Fermentis S-33 oder
Danstar Nottingham

WEIZENBIER

[12 °PLATO, 5 % ALKOHOL, 20 IBU]

Das klassische Weizen- oder Weißbier gehört zu den beliebtesten deutschen Bierstilen. Sein breites Geschmacksspektrum von Nelke über Pfeffer bis hin zu roten Früchten und Banane verdankt es seinem charakteristischen Hefestamm. Braufängern kommt das sehr entgegen, da die Hefe manchen Braufehler verzeiht und hinter ihrer mächtigen Wand aus Aromen versteckt.

Schüttung:

2500 g Wiener Malz
2500 g helles Weizenmalz

HAUPTGUSS: 18 Liter
NACHGUSS: 12 Liter

Maischen:

Wasser bei 74 °C
Maische bei 67 °C

Hopfen:

12 g Mandarina Bavaria (8 % Alphasäure) zur Vorderwürze (70 Minuten Kochzeit)
20 g Mandarina Bavaria (8 % Alphasäure) bei Kochende (0 Minuten Kochzeit)

Hefe:

Danstar Munich Classic

KALTHOPFUNG NACH DER GÄRUNG (optional):
50 g Mandarina Bavaria für 5 Tage

TIPP WENN ES UNTYPISCH SEIN DARF

Auch für dieses einfache Weizenbierrezept eignet sich die Kombirast. Wenn du das einem echten Braumeister erzählst, wird er sicher die Hände über dem Kopf zusammenschlagen, weil dieser Weg arg untypisch ist. Aber: Das Ergebnis schmeckt überraschenderweise hervorragend. Wenn's noch untypischer sein darf: Auch eine Kalthopfung macht bei diesem Bier viel Spaß.

SOUR ALE

[12 °PLATO, 5 % ALKOHOL, 20 IBU]

Das Sour Ale besticht durch seinen erfrischend sauren Geschmack und seine fruchtige Spritzigkeit. Mit amerikanischen Aromahopfen eingebraut und kaltgehopft ist es die bierige Alternative zu Zitronenlimonade an einem heißen Sommertag. Für die Säure im Bier sorgt 80%ige Milchsäure, die in jeder Apotheke käuflich zu erwerben ist.

Schüttung:

2500 g Pilsener Malz
2000 g helles Weizenmalz
500 g helles Karamellmalz

HAUPTGUSS: 18 Liter
NACHGUSS: 12 Liter

Maischen:

Wasser bei	73 °C
Maische bei	65/66 °C

Hopfen:

6 g Citra (12 % Alphasäure) zur Vorderwürze (70 Minuten Kochzeit)
13 g Citra (12 % Alphasäure) bei Kochende (0 Minuten Kochzeit)

Hefe:

Danstar Nottingham

AUSSERDEM:

50 ml Milchsäure, 80% (aus der Apotheke), 10 Minuten vor Kochende hinzugeben

KALTHOPFUNG NACH DER GÄRUNG (optional):

50 g Citra für 5 Tage
Mehr Infos zur Kalthopfung findest du ab Seite 80.

GUT zu wissen

HÄUFIG GESTELLTE FRAGEN

Wie lange ist mein Bier haltbar?

Ein genaues Haltbarkeitsdatum für selbstgebrautes Bier kann ich aufgrund der Vielzahl von beeinflussenden Faktoren nicht angeben. Meistens stellt sich diese Frage sowieso nicht, weil selbstgebrautes Bier eh viel zu schnell ausgetrunken ist. Wenn du immer sauber gearbeitet hast und dein Bier einen Alkoholgehalt von mindestens 5 % hat, dann kannst du bei kühler und dunkler Lagerung davon ausgehen, dass es 3 bis 6 Monate gut trinkbar ist. Je mehr Alkohol dein Bier hat, desto länger wirst du daran Freude haben. Ab einem Alkoholgehalt von 8 % kannst du das Bier auch wie einen guten Rotwein behandeln und im Keller reifen lassen. Gerade bei dunklen malzaromatischen Biersorten ist dieses Experiment zu empfehlen. Sollte trotz allem einmal eine Flasche Selbstgebrautes ungenießbar sein, dann kippe den Inhalt einfach weg. Und mache dir keine Sorgen zum Thema Haltbarkeit: In Bier können sich keine gesundheitsgefährdenden Keime bilden.

Warum schäumt mein Bier über?

Wenn du zu viel Zucker für die Nachgärung verwendet hast, kann es passieren, dass zu viel Schaum beim Einschenken entsteht. Wenn der Schaum dir bereits nach dem Öffnen der Flasche entgegenkommt, spricht man von Gushing. Dieses Phänomen ist noch nicht komplett erforscht. Es geht häufiger einher mit einer Infektion des Bieres. Wenn dein Bier also sauer schmeckt, können Milch- oder Essigsäurebakterien der Grund sein.

Warum hat mein Bier kaum Schaum?

Wenn ein Bier kaum Schaum aufweisen kann oder dieser im Glas schnell zusammenfällt, kann das mehrere Gründe haben. Die trivialste Begründung: Das Glas ist nicht richtig gespült worden. Möglicherweise liegt ein Fettfilm auf dem Glas. Es kann aber auch daran liegen, dass das Bier zu wenig Kohlensäure hat.

Warum hat mein Bier kaum Kohlensäure?

Bei zu geringer Kohlensäure im fertigen Bier ist es äußerst wahrscheinlich, dass die Nachgärung nicht korrekt durchgeführt wurde. In dem Fall solltest du die Flaschen alle noch einmal aus der Kühlung holen und für eine Woche in einem warmen Raum platzieren.

Warum schmeckt mein Bier stark nach Hefe?

Wenn dein Bier stark nach Hefe schmeckt, dann ist es noch zu jung. In diesem Fall solltest du es noch ein paar Wochen kühl lagern. Mit der Zeit wird sich der hefige Geschmack verabschieden. Dann kannst du dein Bier ausgereift genießen.

Warum schmeckt mein Bier sauer?

Milch- oder Essigsäurebakterien haben sich über dein Bier hergemacht. Vermutlich, weil du bei den letzten Schritten nicht sauber genug gearbeitet hast. Das Schlimme ist, dass du den sauren Geschmack jetzt nicht mehr rausbekommst. Das Gute könnte aber sein, dass das Bier mit einer sauren Note auch ganz lecker schmeckt. Gesundheitliche Bedenken musst du nicht haben, wenn du es noch trinken möchtest.

Ich habe versehentlich ungeschrotetes Malz gekauft. Kann ich es auch mit einer Kaffeemühle mahlen?

Kaffeemühlen mahlen in der Regel zu fein. Manche Küchenmaschinen können dir in dieser Situation weiterhelfen. Das Malzkorn darf nur aufgebrochen und grob zerkleinert werden. Wird es zu Mehl, ist ein Läutern unmöglich. Achte also unbedingt darauf, dass du geschrotetes Malz kaufst. Wenn du regelmäßig braust, empfiehlt sich die Anschaffung einer eigenen Schrotmühle. Günstige Modelle bekommt man bereits für 50 Euro. Ansonsten kannst du auch im Hobbybrauerforum erfragen, ob in deiner Nähe eventuell ein hilfsbereiter Heimbrauer mit Schrotmöglichkeit wohnt.

Ich bin dieses Wochenende nicht zum Brauen gekommen. Wie lange kann ich die Zutaten noch verwenden?

Geschrotetes Malz kannst du auch nach 4 bis 6 Wochen noch problemlos verwenden. Vorausgesetzt, du lagerst es kühl und trocken. Bei ungeschrotetem Malz sind sogar 2 Jahre unter diesen Lagerbedingungen kein Problem. Die Hefe hat ein Haltbarkeitsdatum. Leg sie einfach in den Kühlschrank. Den Hopfen solltest du einfrieren. Dann ist er bedenkenlos ein Jahr haltbar. Wichtig ist lediglich, dass er nicht mit Sauerstoff in Kontakt kommt. Dann riecht er stark käsig.

Es sind 2 Tage vergangen und die Gärung lässt immer noch auf sich warten. Was nun?

Wenn dein Gärröhrchen auch nach 2 Tagen noch nicht blubbert, kann es sein, dass es schlichtweg zu kalt für die Hefe ist. Suche ein wärmeres Plätzchen für deinen Gärbottich oder dreh einfach die Heizung auf. Dann dürfte die Gärung bald starten.

ZOLLANSCHREIBEN

Hier findest du eine Vorlage für deine Brauanzeige. Denke daran, dass dieses Anschreiben vor dem ersten Brauen ans zuständige Hauptzollamt geschickt werden muss. Anschließend kannst du direkt mit dem Brauvorgang beginnen. Du musst dich übrigens jedes Jahr aufs Neue mit dieser Brauanzeige beim Zoll als Heimbrauer melden. Wenn du merkst, dass du wider Erwarten innerhalb eines Kalenderjahres doch über die 200-Liter-Grenze kommst, erkundige dich beim Hauptzollamt nach dem Prozedere des Versteuerns.

An das Hauptzollamt
Adresszusatz
Straße / Hausnummer
PLZ Stadt

Brauanzeige

Stadt, den __. Monat 20__

Sehr geehrte Damen und Herren,

ich beabsichtige im Kalenderjahr 20__ für den Eigenbedarf an meinem Wohnsitz (Adresse siehe unten) Bier zu brauen.

Die Gesamtmenge an Vollbier wird 200 Liter voraussichtlich nicht übersteigen.

Mit braufrischem Gruß,

Vorname und Nachname
Deine Adresse
Straße / Hausnummer
PLZ Stadt

GLOSSAR

Alphasäure: Inhaltsstoff des Hopfens, der für die Bitterung des Bieres verantwortlich ist.

Anstellen: Zugabe der Hefe.

Aromahopfen: Hopfensorte mit einem hohen Ölanteil, betont das Hopfenaroma eines Bieres.

Alpha-Amylase: Im Malz enthaltendes Enzym, das während des Maischens Stärke in unvergärbaren Zucker umwandelt. Dieser bleibt unberührt von der Hefe und sorgt im Bier für Restsüße und Vollmundigkeit.

Beta-Amylase: Im Malz enthaltendes Enzym, das während des Maischens Stärke in vergärbaren Zucker umwandelt. Dieser wird in der Gärung von der Hefe zu Alkohol und Kohlensäure verstoffwechselt.

Bitterhopfen: Hopfensorte mit einem hohen Alphasäuregehalt, optimal zum Bittern eines Bieres geeignet.

Braugerste: Getreide mit hohem Stärkeanteil, das zur Malzherstellung verwendet wird.

Darren: Schritt bei der Vermälzung, bei dem die gekeimten Gerstenkörner mit Heißluft getrocknet werden.

Dimethylsulfid (DMS): Fehlaroma; Verbindung, die ein Gemüsearoma erzeugt; vorrangig durch helles Malz in der Würze; wird beim Kochen ausgetrieben.

Ester: Stoffgruppe, die für unterschiedliche zumeist fruchtige Aromen im obergärigen Bier verantwortlich ist; entsteht während der Gärung (Gärnebenprodukt).

Fuselalkohole: Gruppe von Begleitalkoholen, die unter anderem für den Kater am nächsten Morgen sorgen können; entstehen während der Gärung (Gärnebenprodukt).

Gärnebenprodukte: Zusätzliche Gärprodukte neben Alkohol (Ethanol) und Kohlensäure; z. B. Ester, Fuselalkohole).

Gärbottich: Gefäß, in dem die Würze zu Jungbier vergoren wird; eine Funktion, die der Läuter- und Gäreimer erfüllt.

(Haupt-)Gärung: Stoffwechselprozess der Hefe, bei dem aus Malzzucker Alkohol und Kohlensäure wird; Durchführung im Gärbottich.

Hauptguss: Wassermenge, die zum Einmaischen des geschroteten Malzes Verwendung findet.

Hopfenpellets: Gesäuberte und gemahlene Hopfendolden, anschließend in kleine zylindrische Einheiten gepresst.

Hopfenseihen: Auffangen der Hopfenrückstände bei der Filtrierung der Würze.

IBU: International Bitterness Units; Maßeinheit für die Bittere, die der Hopfen an das Bier abgibt.

Jodprobe: Stärkenachweis mittels Jod.

Kalthopfung: auch Hopfenstopfen;

späte Hopfengabe nach der Gärung, bei der sich ätherische Öle im Jungbier lösen und für auffällige Aromen im späteren Bier sorgen.

Karamellmalze: Spezialmalze, die dem Bier Süße und Vollmundigkeit geben.

(Auf-)Karbonisierung: Hinzufügen von Kohlensäure; im Heimbraubereich unter anderem durch den Nachgärungsprozess möglich.

Kräusen: Durch die Hefe entstandene schaumige Oberfläche während der Gärung im Gärbottich.

Läuterbottich: Gefäß, in dem die Würze vom Treber getrennt wird; eine Funktion, die der Läuter- und Gäreimer erfüllt.

Läuterspirale: Hilfreiches Utensil für den Läuterprozess; z. B. Modelle „Läuterhexe" oder „Läuterfreund".

Maische: Haferbreiähnliches Gemisch aus geschrotetem Malz und erhitztem Wasser.

Nachgärung: (Auf-)Karbonisierung des Biers und Abbau des Jungbiergeschmacks in der Flasche; Dauer: ungefähr eine Woche.

Nachguss: Wassermenge, die beim Läutern zum Herausspülen der Zucker aus dem Treber verwendet wird.

Jungbier: Frisch vergorenes Bier, direkt nach der Hauptgärung.

Plato: Maß für die Stammwürze, den Zuckergehalt der Würze; °P (Grad Plato).

Rasten: Phase im Maischprozess, bei der eine Temperatur für eine Zeit lang konstant gehalten wird.

Restextrakt: Zuckergehalt im Jungbier zum Ende der Gärung.

Schüttung: Als Schüttung bezeichnet man die Gesamtmenge aller verwendeten Malzen pro Brauvorgang.

Stammwürze: Zuckergehalt in der Würze; gemessen in °P (Grad Plato) mit der Bierwürzespindel im Spindelzylinder.

Treber: Fester Bestandteil der Maische nach dem Läutern; ausgelaugtes Malz; kann unter anderem zu Treberbrot weiterverarbeitet werden.

Trubstoffe: Eiweiße und nicht gelöste Hopfenbestandteile in der Würze (oder im Bier)

Vermälzung: Verarbeitung des Gerstenkorns zum Malzkorn.

Vorderwürze: Frisch geläuterter erster Anteil der Würze, bevor der Nachguss hinzugegeben wird; unverdünnte Würze.

Whirlpool: Durch eine kreisförmige Rührbewegung erzeugter Strudel nach Ende des Kochens. Der Whirlpool bewirkt, dass sich am Boden des Einkochers ein Kegel mit Trubstoffen absetzt, der nicht in den Gärbottich umgeschlaucht werden soll.

Würze: Flüssiger Anteil der Maische; wird im letzten Schritt mit Hefe zu Bier vergoren.

Würzekochen: Auch Hopfenkochen; Kochprozess, bei dem die Würze zusammen mit dem Hopfen gekocht wird; dabei werden unter anderem die Bitterstoffe aus dem Hopfen herausgelöst.

BRAUBEDARFSHOPS

Auf folgenden Webseiten findest du alles, was das Heimbrauerherz begehrt: Neben den Rohstoffen verkaufen diese Braubedarfshops auch die Gerätschaften, ohne die du dein Craftbier nicht brauen könntest.

amihopfen.com
Hier musst du nie lange auf deine Bestellung warten. Es gibt sogar einen Hefe-Notdienst für den Fall, dass du mal nicht das richtige Tütchen für dein Craftbier vorrätig hast.

brauhardware.de
Hopfen und Malz suchst du hier vergebens, dafür bietet brauhardware.de einige wichtige Gerätschaften fürs Brauen zu super Preisen an.

braumischung.de
Wenn du deine ersten Versuche gewagt hast, kannst du dir hier fertige Braumischungen bestehend aus Malz, Hopfen und Hefe bestellen, um so noch mehr spannende Bierstile kennenzulernen oder einfach nur die Zeit fürs Zusammensuchen der Rohstoffe zu sparen.

hobbybrauerversand.de
Der Allrounder ist „Hopfen und mehr", der Hobbybrauerversand. Das meiste deiner Brauausrüstung wirst du hier finden können.

hopfen-der-welt.de
Eine riesige Auswahl an nationalen und internationalen Hopfensorten hat „Hopfen der Welt" zu bieten.

schnapsbrenner.eu
Beim „Schnapsbrenner" gibt's oftmals die besten Preise. Da solltest du unbedingt mal vorbeischauen.

HILFREICHE LINKS

brauerei.mueggeland.de
Hier findest du eine Reihe hilfreicher Berechnungstools – zum Beispiel zum Alkoholgehalt und der Hopfenausnutzung – sowie zusätzlich noch weitere Rezepte, an denen du dich als Fortgeschrittener einmal ausprobieren kannst.

braumagazin.de
Das „Braumagazin" erscheint einmal im Quartal und kann kostenlos auf der Webseite gelesen werden. Die Autoren sind großenteils Heimbrauer, die sich äußerst gut mit Bier und seinen Eigenschaften auskennen. Fortgeschrittene Heimbrauer haben daran richtig Freude.

hobbybrauer.de/forum
Das Hobbybrauerforum ist deine Schnellhilfeoption: Hier wurden wirklich alle Fragen zum Thema Bierbrauen schon einmal beantwortet. Die Community ist sehr aktiv und hilfsbereit. Nutze aber bitte dennoch erst die Suchfunktion, bevor du eine Frage stellst, die vielleicht schon unzählige Male thematisiert wurde.

joerum.de/kleiner-brauhelfer
Der „Kleine Brauhelfer" ist ein kostenloses Tool, in dem du deine eigenen Rezepte kreieren und abspeichern kannst. Außerdem bietet es die Möglichkeit, deinen Bestand an Rohstoffen festzuhalten.

maischemalzundmehr.de
Bei „Maische, Malz und mehr" erwartet dich eine große Rezeptdatenbank mit vielen Bieren, die auch für Anfänger gut geeignet sind.

WISSENSWERTES ÜBER Craftbier

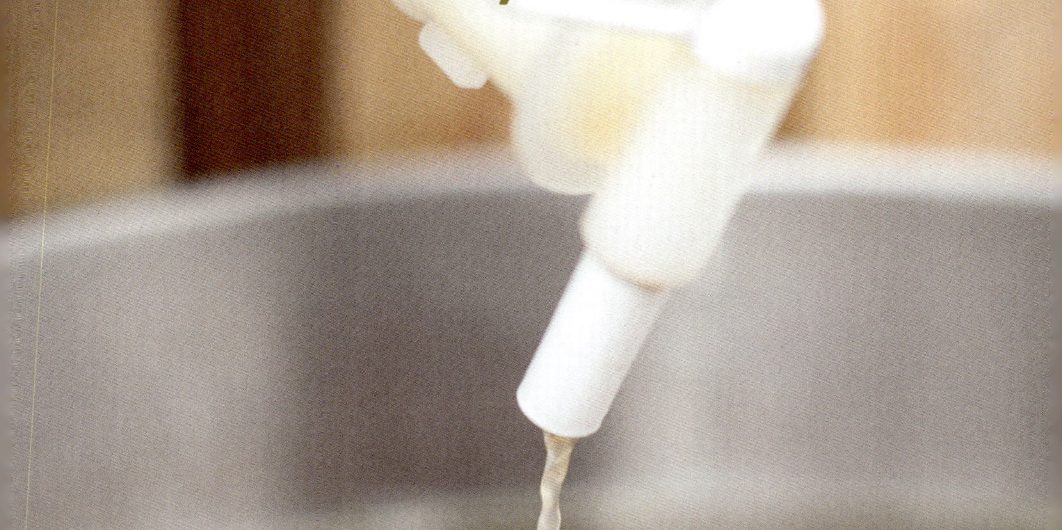

feinerhopfen.com
Wenn du wissen möchtest, was sich gerade in der Welt der Craftbiere abspielt, bist du auf feinerhopfen.com genau richtig. Die Journalistin Mareike Hasenbeck stellt auf ihrem Blog vor allem kleine Brauereien und neue Bierkreationen vor.

hopfenhelden.de
In diesem Online-Magazin wird ein besonderes Augenmerk auf die Helden des Craftbiers geworfen. Interessante Porträts und Interviews mit kleinen Brauern findest du hier ebenso wie Berichte und Reportagen über aktuelle Bierthemen.

maennerabend.info
Einen kostenlosen Podcast mit einigen Bierverrückten, die sich durch die Craftbierlandschaft probieren, findest du auf dieser Webseite. Was in so mancher Folge passiert, muss mit einem Augenzwinkern gesehen werden. Im Fokus steht: gute Laune mit gutem Bier.

usox.org
Daniel Jakob war lange ambitionierter Hobbybrauer und hat mittlerweile sogar eigene Craftbiere in den Verkauf gebracht. Auf seinem Blog veröffentlicht er regelmäßig seine spannenden Verkostungsnotizen.

DER AUTOR

Ferdinand Laudage, 1982 geboren in Europas alter Bierhauptstadt Dortmund, ist freier Journalist und diplomierter Biersommelier. Seit 2013 braut er selbst Bier. Die Einsteigerliteratur ließ er damals links liegen und versuchte sich lieber als Autodidakt. Das ging anfangs natürlich mächtig in die Hose, aber: Aus Fehlern lernt man. Sein erlangtes Wissen rund ums Selberbrauen und Biergenießen vermittelt er deshalb seit 2015 allen Interessenten in Brauseminaren und Bierverkostungen für die Bieragentur Dortmund weiter.

Weitere Informationen zum Autor im Netz:
bieragentur-do.de
sudhaus13.de

BILDQUELLEN

Alle Bilder stammen von Dominic Krause, ausgenommen:
Mauritius Images: S. 71, 73
Alexander Graeser: S. 121
Illustrationen von Michaela Mayländer.

NACHGESCHLAGEN

Die in diesem Buch enthaltenen Empfehlungen und Angaben sind von der Autorin/vom Autor mit größter Sorgfalt zusammengestellt und geprüft worden. Eine Garantie für die Richtigkeit der Angaben kann aber nicht gegeben werden. Autorin/Autor und Verlag übernehmen keine Haftung für Schäden und Unfälle. Bitte setzen Sie bei der Anwendung der in diesem Buch enthaltenen Empfehlungen Ihr persönliches Urteilsvermögen ein. Der Verlag Eugen Ulmer ist nicht verantwortlich für die Inhalte der im Buch genannten Websites.

Bibliografische Information der Deutschen Nationalbibliothek
Die Deutsche Nationalbibliothek verzeichnet diese Publikation in der Deutschen Nationalbibliografie; detaillierte bibliografische Daten sind im Internet über http://dnb.d-nb.de abrufbar.

3., korrigierter Nachdruck 2021
Wollgrasweg 41, 70599 Stuttgart (Hohenheim)
E-Mail: info@ulmer.de
Internet: www.ulmer-verlag.de
Lektorat: Alessandra Kreibaum, Christine Hutschenreuther
Herstellung: Thomas Eisele
Umschlagentwurf: Michaela Mayländer
Satz und Buchgestaltung: Michaela Mayländer, Stuttgart, www.sistermic.de
Bildbearbeitung: time:ray, Jettingen
Druck und Bindung: Firmengruppe APPL, aprinta Druck, Wemding
Printed in Germany

ISBN 978-3-8186-0005-1

Hier kannst du weiterlesen:

Noch mehr Craft-Bier selber brauen.
Optimieren, variieren, experimentieren.
Ferdinand Laudage. 2018.
192 Seiten, 100 Farbfotos, Spiralbindung.
ISBN 978-3-8186-0536-0.

Ferdinand Laudage beantwortet in diesem Buch die häufigsten Heimbrauerfragen: Welche Varianten von Equipment, Zutaten und Raststufen sind zu empfehlen? Was lerne ich aus Fehlern? Wie kann ich mein eigenes Rezept entwickeln? Und wie setze ich mein Bier optimal in Szene? Außerdem erwarten dich 10 zusätzlich erprobte Craft-Bier-Rezepte, Tipps zur Treberverwertung und informative Gastbeiträge von Experten aus der Craft-Bier-Welt. Kompakt und immer nach dem Motto „Keep it simple“ begleitet dich das Buch auf dem Weg zum fortgeschrittenen Heimbrauer.

Craft-Bier-Rezepte gefällig?

50 Craft-Bier-Rezepte.
Kreative Biere einfach nachgebraut. Ferdinand Laudage. 2019. 128 Seiten, 45 Farbfotos, Spiralbindung.
ISBN 978-3-8186-0816-3.

Frei nach dem Motto „Keep it simple!" präsentiert Ferdinand Laudage in diesem Buch 50 Craft-Bier-Rezepte im gewohnt einfachen Brauschema. Die Auswahl reicht von traditionellen Bierstilen wie Dortmunder Export, irischem Red Ale und belgischem Tripel bis zu ausgefallenen Bierkreationen wie Mango NEIPA, Coffee Stout und Melonenweizen. Das Besondere: Neben erprobten Rezepten des Autors enthält die Sammlung exklusive Kreationen bekannter Craft-Bier-Experten. Allen gemein ist die Freude am Bierbrauen und die Lust auf immer neue aromatische Brauergebnisse. Also: Schluss mit der Ideenflaute und auf zu neuen Bier-Ufern!

Das große Nachschlagewerk

Bier brauen.
Grundlagen, Rohstoffe, Brauprozess. Jan Brücklmeier. 2018. 492 Seiten, 125 Farbfotos, 213 farbige Zeichnungen, geb.
ISBN 978-3-8001-0927-2.

Wer beim Heimbrauen gerne optimiert und experimentiert, sein eigenes, besonderes und exzellentes Bier brauen möchte, braucht ein adäquates Nachschlagewerk für seine Kunst, in der alles Wichtige zu finden ist. Der Ingenieur für Brauwesen Jan Brücklmeier vermittelt dem ambitionierten Hobby-Brauer detailliert und gleichzeitig anschaulich und unterhaltsam Fachwissen zu allen wichtigen Bereichen des Heimbrauens: Ausrüstung, Rohstoffe, Brauprozess, Hefezucht, Desinfektion, Bierverkostung, Troubleshooting. Raffinierte Rezepte im 20-l-Maßstab regen zur eigenen Rezeptentwicklung an.